아싸라비아
콜롬비아!

일러두기

- 이 책의 외래어 표기는 국립국어원 외래어 표기법을 따랐다.
  단, '띤또Tinto'는 예외로 한다.
- 책 제목은 겹낫표『』로 뮤지컬, 연극, 영화, TV 프로그램명은
  홑화살괄호〈〉로 표기했다.
- 콜롬비아 화폐 페소에 대응하는 원화 정보를 제공할 때는
  환율 '1페소=0.45원'을 적용해 환산했다.

아 싸라비아
콜롬비아!

이재선 지음

커피 향을 따라간
호또리아 가족의 생활연극기

효형출판

어제와 똑같은 오늘을 살면
오늘과 똑같은 내일이 온다.
어제와 다른 오늘을 살 때
오늘과 다른 내일을 기대할 수 있다.

차례

페르난도와 하롤 형제

리카르도

커피 여행자 요나

호르헤와 루베르

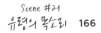

루이스

안토니오

카를로스

티오리코

호세

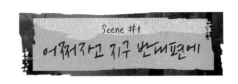

이 빠진 부랑자가 삿대질을 하기 시작했다. 마주 선 키 큰 부랑자 얼굴이 점점 시뻘게지더니 이내 목소리가 커지고 욕설이 오갔다. 사실 욕인지 아닌지는 잘 모른다. 3개월 배운 스페인어 실력으로 알아듣기는 애당초 불가능했다. 그래도 그게 욕이라는 것쯤은 눈치챌 수 있었다. 아니었다면 키 큰 부랑자가 주먹을 날렸을 리 없을 테니까.

그때였다.

한 여인이 맞고 쓰러진 부랑자를 보고 흥분하여 고함을 지르며 소매에서 흉기를 꺼냈다. 우리가 걷고 있던 곳에서 불과 5미터도 안 되는 거리였다. 떨리는 목소리로 내가 물었다.

"저기 칼 들고 싸우는데요?"

"그러네요. 부엌칼이네요."

함께 걷던 현지 교민이 별일 아니라는 듯 그냥 지나갔다.

맞다. 부엌칼이었다. 경상도 사투리로 정지칼! 칼끝은 부러졌고, 이도 나갔다. 군데군데 녹이 슬어서 뭘 베기도 힘들어 보이는 칼이었다. 여인의 소매 안에서 늙은 몸을 쉬다가 갑작스레 나와서 날 선 위협을 짜내는 정지칼. 그래도 칼은 칼이다. 녹슨 정지칼이 매섭게 공기를 가르자 키 큰 부랑자는 도망치면서 고래고래 소리를 질렀다.

"30년 전에는 거리에서 총 맞아 죽는 사람들도 있었어요. 아, 맞다. 고양이 사료 사야지."

가이드 역할을 해준 현지 교민은 이민 1.5세대로 콜롬비아 사람이나 다름없다. 그러고 보니 거리에서 칼부림이 일어났는데 그 누구도 관심을 보이지 않았다. 지나가던 사람들도 싸움을 말리기는커녕 구경조차 하지 않았다. 하지만 나는 지구 반대편에서 막 도착한 한국인이다. 나도 모르게 꽉 쥔 손에 땀이 흥건했다.

"아빠, 손 아파…."

"어? 미안."

그제야 움켜잡던 딸 소영이 손을 풀어주었다. 정호도 많이 놀란 눈치였다. 아내가 막내 녀석을 꼭 끌어안고 내 얼굴만 쳐다보고 있었다. 아홉 살과 일곱 살 아이들에겐 텔레비전에서 나오는 폭력적인 장면도 보여줘선 안 되는데…. 갑자기 후회가 밀려왔다. 내가 어쩌자고 가족까지 이끌고 이 머나먼 남미에 왔을까? 불안한 기색을 보았는지 그가 덧붙였다.

"저는 한국이 더 무섭더라고요. 경찰이 있는데도 조폭들이 서로 싸우고 찌르고. 그뿐입니까? 아들이 엄마를 죽이지를 않나, 새파란 젊은이가 할아버지한테 욕하고 주먹질하고 난리도 아니죠."

"에이, 그건 일부 이야기잖아요. 콜롬비아 하면 내전, 게릴라, 마약 생산국! 차원이 다르죠, 차원이."

"여기 사람들은 북한이 미사일을 겨누고 있는데 남한에서 어떻게 사냐고 합니다."

"아니, 콜롬비아는 축구 선수가 자살골 넣었다고 총으로 쏴 죽인 나라잖아요?"

"그렇게 위험한 나라인데 왜 온 가족을 데리고 오셨습니까?"

그가 싱긋 웃으며 되물었다. 아이들이 나를 뚫어져라 바라보고 있었다. 여기서 내가 '커피가 맛있을 거 같아서'라고 대답한다면 이번엔 아내의 소매에서 칼이 나올지도 모를 일이었다.

"옛말이에요. 지금도 반군이 있긴 하지만 치안이 많이 좋아졌어요.『론리 플래닛』아시죠? 세계적으로 유명한 여행책인데 콜롬비아를 2006년 세계 10대 관광지 중 한 곳으로 꼽았어요. 아까 잠깐 본 장면으로만 콜롬비아를 평가하지 마세요. 여기 사람들 참 좋아요."

오후의 햇살이 나른하게 내려앉은 보고타 산호세 거리Calle de San José en Bogotá. 여기 분위기는 고향의 칠성시장과 닮았다. 북성로 공구 거리 같은 곳도 있고 옷 파는 서문시장 분위기가 나는 곳도 있다. 작은 광장에는 비둘기가 잔뜩 모여 바닥을 쪼아대고, 드문드문 부랑자들이 쓰레기통을 뒤졌다. 각자 걸머진 큰 가방에는 이불이나 옷가지가 들어 있는 것 같았다. 우리나라 노숙자나 다름없는 모습이다.

괜한 호들갑을 떨었나 보다. 사실 콜롬비아에서 며칠을 보내는 동안 한 번도 위험한 상황을 겪지 않았다. 어쩌면 좀 더 극적인 장면을 기대한 장본인은 나였는지도 모른다. 천생 나는 연극배우다.

공연이 끝나고 나면 허무하다. 수백 시간 넘게 공들여 연습한 대사와 몸짓은 두 시간을 넘기지 못하고 막을 내린다. 울고 웃고 박수 치던 관객이 떠난 객석의 텅 빈 적막감은 무엇으로도 채울 수 없다. 쌉싸름한 에스프레소 한 잔을 마신다. 술에 약해서 그런 건데 극단 선배들은 폼잡지 말란다.

여행에서 느낄 수 있는 것 두 가지는
세상은 넓다는 것과
사람 사는 데는 다 똑같다는 것.

새로운 곳에서 바라본 익숙한 풍경,
익숙함 속에서 피어나는 새로움.

평범한 삶이 싫어서 시작한 연극이었다. 무대에서만큼은 살아 있음을 느낄 수 있었고 행복했다. 그래서 더욱 노력했고, 배고픈 연극인들에겐 동경의 대상인 시립 극단에도 운 좋게 합격했다. 경제적으로 안정된 환경을 마련한 것이다. 하지만 시간이 흐르면서 꿈을 노래하던 무대는 직장으로 변했고, 연기는 그저 일이 됐다.

마지막 한 모금을 마시고 눈을 감아본다. 쓴맛이 사라지고 입안 가득 향이 퍼진다. '음, 이건 콜롬비아 수프레모Supremo 원두를 썼군. 쓴맛이 강한 게 풀시티(Full city: 로스팅 단계 중 하나로 진하고 쓴맛이 특징임)로 로스팅을 한 게야. 비옥한 화산토에서 자라는 과테말라 안티구아Antigua에 비해 스모크 향은 적은 편이지. 신맛도 적당하고 바디감이 묵직한 게 상급 원두로군'이라고 말하고 싶지만 나는 커피에 대해 잘 모른다. 수십 년간 커피의 양대 산맥은 '맥심'과 '테이스터스 초이스'라고 철석같이 믿고 있던 나였다. 그런데 참 신기하다. 분명히 설탕을 하나도 안 넣었는데 빈 잔을 기울여 냄새를 맡으면 바닥에 살짝 굳어 있는 커피 자국에서 달콤한 캐러멜 향이 느껴진다.

호형호제하며 지내는 방송사 PD인 선배가 읽어보라며 툭 던지고 간 책을 꺼냈다. 줄리아 알바레스Julia Alvarez의 『커피 이야기』. 책이 얇고 중간중간 판화도 많아서 에스프레소를 한 잔 더 시키고 그 자리에서 단번에 읽어버렸다. 멍한 느낌. 한동안 책에 취해 어지러웠다. 서정시 같은 소설이었다.

주인공 조는 도미니카 공화국으로 여행을 떠난다. 콜럼버스가 제일 좋아했다는 이유에서였다. 그곳에서 제대로 내린 커피, 카페시토Cafecito 한 잔에 반하고 비탈진 커피 농장을 찾는다. 조는 미구엘에게서 나무 그늘을 이용하는 옛날식 커피 농사법을, 미구엘 가족들은 조에게서 처음으로 글을 배운다. 커피나무가 새소리를 들으면서 자라는 동안 아이들도 자란다. 책에서 커피 향이 번졌다. 군더더기 없이 간결한 글과 아름다운 판화가 돋보였다. 옛날 도미니카에서는 커피를 다 마신 후 잔을 뒤집어 그 자국 모양으로 미래를 점쳤다고 한다. 내가 들은 커피 이야기 중 가장 매력적이다. 앞에 놓인 커피 잔을 기울여보았다. 조금 남아 있던 커피가 흘러내렸다. 어, 이거 남미 지도 아냐? 나보고 남미에 가라는 거 아냐? 맞아, 틀림없어. 이건 남미랑 똑같이 생겼어.

"형님, 이거 남미 맞죠?"

"뭐?"

약속 시간보다 늦게 온 선배에게 다짜고짜 잔을 들이밀었다.

"맞잖아요, 이거 남미예요. 운명이죠?"

"인마, 역삼각형이면 다 남미냐?"

그로부터 8개월 후, 부스스한 모습으로 새벽같이 나와서 우리를 공항버스 타는 곳까지 태워주던 선배가 투덜거렸다.

"너 여권은 다 챙겼냐?"

"아차, 형님 빨리 차 돌려요!"

뒷자리에 앉아 있던 가족들이 불안한 시선으로 나를 쳐다보았다. 나는 여유 있게 큰소리를 쳤다.

"인생은 연극이야. 짜릿하잖아? 우리 콜롬비아 가서 멋진 가족 연극 한 편 만들고 오는 거야. 걱정 마, 나만 믿으라고!"

그런데 나는 대체 누굴 믿으면 되나?

떠나기 전 선배에게 슬쩍 물었더니 한마디로 정리해주었다.

"너!"

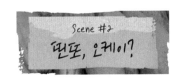

Scene #2
펀또, 오케이?

해발 2,548미터!

보고타 엘도라도El Dorado 국제공항은 지리산 천왕봉보다도 한라산 꼭대기보다도 높다. 이곳에 도착하니 머리가 띵하고 가슴이 먹먹하다. 내가 이러니 가족들은 오죽하랴? 독일 프랑크푸르트에서 꼬박 열 시간을 좁은 비행기 안에 갇혀 있다 내린 땅, 콜롬비아의 첫 느낌은 '두통'이었다.

국제공항이라고는 하지만 공군기지와 함께 쓰고 있고, 활주로도 두 개밖에 없는 작은 규모다. 저녁 7시 30분. 이미 이곳에는 땅거미가 내려앉았다. 낯선 곳에서 어둠을 만나면 무섭기 마련이다.

"얘들아, 엘은 말이지 스페인어에서 정관사 그러니까 음… 아무튼 아무 뜻 없는 거고 도라도는 황금이 있는 곳이란 뜻이야. 여기 공항 바닥을 삽으로 파면 금덩이가 나올지도 몰라. 하하."

아이들 표정은 아까보다 한결 좋아졌는데 아내는 불안한 기색이 역력했다. 해외여행은 고사하고 비행기도 이번에 처음 타봤으니 고생이 이만저만이 아니었을 것이다. 게다가 사방에서 스페인어 교재 CD의 열 배 속도로 말하는 소리가 들리고 한글이라고는 보이지 않으니 우리 가족은 그야말로 외딴 섬에 떨어진 것이나 다름없었다. 나는 귓속말로 아내를 안심시켰다.

"걱정 마. 짐 찾고 나가면 예약한 호텔에서 마중 나와 있을 거야."

카사 이사벨Hotel Casa Santa Isabel은 작은 콘도 같은 호텔로 여행 자금이 넉넉하지 않은 우리 가족에겐 안성맞춤이다. 방마다 주방이 딸려 있고 주택가에 있어서 현지 적응에도 유리해 주저 없이 인터넷으로 예약했다. 사정이 그러니 특급 호텔의 리무진 픽업 같은 서비스가 부럽지 않다.

"어디 있어? 우릴 마중 나온 듯한 사람은 안 보이는데?"

"있어봐. 우리가 그 사람 얼굴을 모르잖아?"

"그럼 피켓이라도 들고 있어야 하는 거 아냐?"

특급 호텔의 리무진 픽업 서비스가 부러워지는 순간이었다. 하지만 나는 가장이다. 어떠한 상황에도 표정이 변해서는 안 된다. 우리는 공항 로비를 빠져나왔다.

"하에순레!"

밖에 있는 사람들 역시 한국에서 공부한 스페인어 CD보다 몇 배는 빠르게 말하기는 마찬가지였다. 그래도 단어 몇 마디는 알아들을 수 있을 줄 알았는데….

"하에순레!"

나는 여권과 달러가 든 가방을 꼭 움켜쥔 채 일부러 입가에 미소를 지었다. 난 여기 초짜가 아니라고. 소매치기에게 털리면 우리 여행은 여기서 끝난다. 아내는 남미를 여행한 블로거들이 올린 부정적인 글들만 생각나는지 잔뜩 긴장한 표정으로 애들 손을 꼭 잡고 있었다.

"하에순레!"

결국 택시를 타야 하나? 호텔 이름과 주소가 적힌 종이를 꺼냈다. 근데
뭐? '하에순레'라고? 아, 맞다! 이런 명칭이 같으니. 저게 바로 날 부르
는 소리다. 스페인어에서 J는 H로 발음하니까 JAE SUN LEE는 하에
순레가 되는 거다. 역시나 택시 승강장 맞은편에서 덩치 큰 콧수염 아
저씨가 내 영문 이름을 쓴 종이를 흔들고 있었다. 나도 반가워서 손을
마구 흔들었다.

콧수염 아저씨가 몰고 온 차는 덩치에 어울리지 않는 소형차였다.

"이거 우리나라 차네?" 아내가 그제야 웃으며 말했다. 어쩐지 낯이 익
었다. 여유가 생기니 주변이 제대로 보이기 시작했다. 작은 트렁크에
여행 가방을 테트리스 게임 하듯 구겨 넣는 동안 지나가는 택시를 보
니 그것 또한 우리나라 차였다. 한국 브랜드 자동차의 콜롬비아 시장
점유율이 10퍼센트가 넘는다는 기사가 어렴풋이 생각났다.

공항을 나와 도심으로 들어가는 동안 콧수염 아저씨는 우리가 알아듣
든 말든 지나는 건물마다 열심히 설명해주었다. 그래도 그 덕분에 단
어 몇 개는 귀에 들어올 정도로 여유를 찾았다. 탁 트인 광장으로 차가
들어서자 내리라고 한다. 벌써 다 왔나?

"아빠, 여기가 센트로(Centro: 도심)래."

역시 우리 가족 중에 스페인어를 제일 잘하는 사람은 첫째 소영이다.
그래, 너도나도 스펙 쌓는다고 초등학교 때부터 영어 과외 한다는데
소영이는 1년 동안 남들 안 하는 스페인어를 배우는 거야. 흐뭇한 마음
에 소영이를 꼭 안아주었다.

"하에순레, 띤또Tinto 오케이?"

"띤또?"

"띤또! 카페시토!"

커피였다. 콧수염 아저씨는 우리에게 커피 한 잔을 권했다. 드디어 콜롬비아에서 커피를 맛보는 감격적인 순간이 온 것이다. 어느 카페로 들어갈까? 그는 성큼성큼 앞서 가더니 길거리에 있는 작은 수레 앞에 섰다. 검은색 티셔츠에 청바지를 입고 배에는 전대를 두른 남미 아가씨가 환하게 웃었다. 큰 보온병이 여덟 개쯤 되는데 펌프를 눌러 플라스틱 잔에 커피를 채워주었다. 뭐야? '길 다방'이야? 손에 온기가 전해왔다. 아내에게 먼저 한 잔을 건네주었다.

"이야, 역시 커피의 나라는 달라. 콜롬비아에 오니 길거리에서도 이렇게 질 좋은 원두커피를 파네? 봐, 가격도 250페소(Peso: 콜롬비아를 비롯하여 몇몇 라틴아메리카 국가에서 사용하는 화폐 단위)면 110원 정도니까 얼마나 싸. 역시 산지에서 먹어야 제대로야. 콜롬비아 원두는 수프레모와 엑셀소Excelso가 있는데…."

"이거 커피믹스인데?"

신 나게 떠들던 내 입을 가차 없이 막아버리는 '사랑스런' 아내!

한 모금 마셔보니 진짜 인스턴트커피 맛이었다. 거기에 '프리마'를 빼고 설탕만 넣은 커피였다. 나중에 안 일이지만 띤또는 콜롬비아의 국민 음료다. 그런데 우리에게 익숙한 인스턴트커피와는 차이가 있다. 우선 사탕수수 덩어리인 파넬라Panela를 끓는 물에 녹여 아구아 파넬라Agua panela라는 설탕물을 만든다. 여기에 레몬즙을 넣어 마시기도 하는데 우리나라의 유자차 정도로 보면 되겠다. 띤또는 원두 가루를 망에 넣고 아구아 파넬라를 내린 콜롬비아식 커피인 셈이다.

"근데 맛있다."

"아빠, 이거 다음에 또 사줘."

의외로 가족들이 이구동성으로 띤또를 극찬했다. 콧수염 아저씨가 흐뭇한 표정으로 우리를 보며 띤또를 홀짝이고 있었다. 다시 한 모금 마셔보았다. 달착지근한 맛과 커피 특유의 향이 입안에 가득 퍼졌다.

우리가 마시는 이 띤또 한 잔은 그냥 커피가 아니었다. 온 가족이 용기 내어 짐을 싸고 일상을 탈출하게 만든 특별한 커피였다.

우리 가족은 이날 세상에서 가장 맛있는 커피를 마셨다.

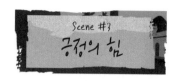

Scene #3
긍정의 힘

먹고 싶다!

막창, 짬뽕, 청국장, 육개장, 감자탕, 김치찌개….

해외 공연을 갈 때도 한식을 찾지 않았다. 에든버러 페스티벌에 참가
했을 때 고생스레 닭 털을 뽑고 질긴 닭을 기어이 삶아서 영국식 삼계
탕을 먹은 것도 선배들의 토종 식성 때문이었다. 가족들에게도 몇 번
이나 당부했다. 우리는 콜롬비아에 적응해야 한다. 음식이라고 예외는
아니다. 1년 치 살림을 꾸려야 하는데 트렁크에 한국 음식까지 넣을 공
간은 없다고 못 박아두었다. 기내용 '치약' 고추장을 챙기던 아내에게
핀잔까지 줬다. 그렇게 의지가 약해서 어디에다 쓰냐고.

콜롬비아에 온 지 며칠이 지났을까. 빵과 달걀 프라이를 꾸역꾸역 넣
어보지만 입이 영 깔깔하다. 치약 고추장은 아무리 힘주어 짜도 더 이
상 나오지 않는다. 그래도 괜찮다. 오늘이 바로 그날이기 때문이다.

"어디 뒀더라?"

"잘 찾아봐!"

"아빠 그렇게 중요한 걸 잃어버리면 어떡해요?"

온 가족의 신경이 날카롭다. 호텔 구석구석을 헤집고 찾아봐도 콜롬비

아 기마 부대 주소가 적힌 쪽지는 보이지 않는다. 쪽지가 없으면 한인 체육대회에 참석할 방법이 없다. 막내아들까지 원망의 눈초리를 보낸다. 휴지통을 쏟아서 살펴봐도 없다. 출발 시간이 다 돼서야 바지 주머니에서 꼬깃꼬깃 잠자던 쪽지를 찾았다.

제1차 콜롬비아 한인 및 참전 용사 가족 한마당 체육대회. 그렇다. 오늘 우리는 경품 타러 체육대회에 간다. 가자, 싸우자, 이기자!

1950년 11월 1일, 콜롬비아 카르타헤나Cartagena 항.

병사 4,300여 명을 태운 구축함이 한국으로 떠났다. 당시만 해도 우리나라와 외교 관계가 없던 콜롬비아가 왜 파병을 결정했을까? 미국과의 역학 관계 때문이었을 수도 있고, 군 현대화의 일환이었을 수도 있다. 어쨌거나 콜롬비아는 남한을 도와 전쟁을 치렀으며 438명이 부상을 당하고 214명이 목숨을 잃었다. 지금도 방송에 가끔 허리가 굽은 작은 노인이 나오는데 그가 바로 한국전쟁에 참전했던 알바로 발렌시아 토바르Albaro Valencia Tovar 장군이다. 육군 참모총장까지 지낸 90대 노인은 아직도 여론의 중심 역할을 하며 왕성한 활동을 펼치고 있다. 살아남은 참전 용사는 이제 1,000여 명 정도. 이들의 결속력은 상당해서 그 후손들까지 모임을 결성했다.

체육대회는 참전 용사 가족들이 한 팀, 콜롬비아 주재원과 유학생 들이 한 팀, 그리고 교민들이 한 팀을 이뤘다. 우리 가족은 교민 팀에 끼었다. 아이들은 얼굴에 스티커를 붙이고 붉은 악마 티셔츠를 받아서 입었다. 그러나 소영이에게 그 무엇보다도 소중한 것은 번호 '459'가 적힌 빨간 딱지 한 장! 그렇다. 우리 가족이 그토록 오늘을 기다린 이유는 행운권 추첨이 있기 때문이었다.

"아빠, 축구 경기 중간중간에 추첨한대요."

"그건 몇 개 있던데?"

"많아요. 한 50개 정도 돼요."

"좋았어. 근데 정호는 어디 갔어?"

소영이가 말없이 손가락으로 가리켰다. 체육대회 본부석 한쪽에 쌓인 경품들. 48인치 텔레비전과 오디오 세트, 세탁기, 노트북…. 그러나 정호가 손으로 정성스럽게 쓰다듬고 있는 것은 바로 라면 박스였다. 머나먼 타국에서 값비싼 전자 제품이 무슨 소용 있으랴? 모든 고마움은 모자람에서 온다더니 지구 반대편에 와서야 그 말이 참임을 깨닫는다. 정말 먹고 싶다, 라면!

콜롬비아에 한인들이 900명 정도 살고 있다는데 오늘 참가한 사람들은 150명 남짓. 라면 박스가 50개 있으니 확률은 3분의 1. 나쁘지 않다. 우리가 갖고 있는 딱지는 네 장. 운 좋으면 두어 상자는 건질 수 있다. 체육대회는 축구와 달리기, 줄다리기 세 종목으로 진행됐는데 그런 것이 눈에 들어올 리 없다.

군인들이 여기저기서 체육대회를 구경하고 있었는데 군기 잡힌 모습은 아니다. 콜롬비아도 우리와 같이 징병제를 택하고 있으나 약 백만 페소를 내면 병역 의무를 면제받는다고 한다. 그러나 그 정도의 돈을 낼 수 있는 사람은 많지 않다. 그런데 콜롬비아군 장교로 들어가려면 거꾸로 약 천만 페소를 내야만 한다. 직업군인은 경제적으로나 사회적으로 괜찮은 직업이기 때문이다.

"아빠, 꽝이야!"

첫 번째 행운권 추첨이 별 소득 없이 지나갔다. 괜찮다. 아직 라면은 마

거리에서 신분증을
검사하는 모습.
병역 증명서가
없는 사람은 바로
트럭에 타야 한다.

혼 박스나 남아 있다. 나는 가족들에게 힘을 북돋아주었다. 기다리던 점심시간. 햄과 계란이 들어간 김밥과 질긴 불고기, 김 무침이 나왔는데 정말 맛있었다. 김치도 한국에서 먹던 배추김치와 아주 비슷했다. 우리 애들이 이렇게 김치를 잘 먹었던가. 국만 있었으면 좋겠다는 생각을 하고 있는데 두 번째 추첨이 진행됐다. 이번에는 오디오 세트와 라면 스무 박스.

"아빠, 또 꽝이야!"

괜찮다. 아직 라면은 스무 박스나 남아 있다. 설마 하나도 못 가져가랴. 체육대회에 온 사람들은 콜롬비아에 막 도착한 우리에게 저마다 조언을 해주었다. 콜롬비아를 바라보는 시선은 두 가지. 파견 근로자나 교환학생으로 온 사람 들은 콜롬비아는 살기 불편하고 위험한 곳이니 낭만적으로 생각하지 말고 적당히 관광하다 돌아가라 하고, 이민자와 자비 유학생 들은 남미의 새로운 기회와 가능성을 이야기하며 콜롬비아에서 보물을 캐 가라고 한다. 아마 둘 다 맞는 이야기일 것이다. 그러나 나는 긍정을 믿기에 두 번째 조언만 귀담아듣기로 했다. 한 유학생은 액세서리를 들여와서 장사를 해볼 계획이라고 했다. 언어도 빨리 늘고 용돈도 벌 수 있으니 일석이조가 아니냐며 중국에서 물건이 들어오기만을 기다리고 있었다. 또 어떤 군인은 한국의 국기원 제도를 무시하고 변질된 콜롬비아의 태권도 문화를 바로잡겠다며 당찬 포부를 밝혔다. 한국에서도 늘 은퇴 이후의 삶을 고민했는데 온 가족이 콜롬비아에 머물러 사는 것도 생각 중이라며 밝게 웃었다. 기분 좋은 에너지가 가득했다.

"아빠!"

딸아이가 거의 울상을 하고 행운권을 움켜쥐고 있었다. 추첨은 끝났고 라면은 동이 났다. 세상에 이렇게 긍정적인 자세로 살아가는 우리 가족에게 라면 하나 안 주는 건 무슨 경우냐? 콜롬비아인 90퍼센트가 가톨릭교도라는데 이참에 우리도 세례를 받아야 라면 수프라도 한 봉지 내리시려나? 머릿속에 이런저런 부정적인 생각이 야금야금 피어오를 때, 노트북과 텔레비전에 라면까지 경품으로 받은 행복한 가족이 우리에게 다가왔다. 민박집을 운영하는 가족이었다. 얼굴에 긍정의 기운이 가득했다. 어떻게 저 많은 경품이 다 당첨된단 말인가? 가진 사람은 더 가지고 못 가진 사람은 더 못 가지는 더러운 세상….

"오래 살다 보니 이런 일도 다 있네요. 우리도 경품이 이렇게 당첨된 적은 처음이에요. 라면 한 박스 드릴게요. 여기 음식 불편하실 텐데 갖고 가서 드세요."

역시 세상은 아름답다.

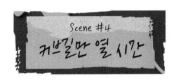

Scene #4
커피밭만 열 시간

여행 가방 큰 것 두 개, 작은 것 두 개, 배낭 두 개, 숄더백 한 개, 라면 한 박스, 어른 두 명, 아이 두 명…. 이게 한 차에 다 들어가나?

"택시 두 대 부를까?"

"안 돼. 말도 잘 안 통하는 콜롬비아에서 이산가족 되긴 싫어."

보고타의 택시는 대부분 경차여서 우리 가족이 한꺼번에 이동하기란 사실상 어려운 일이었다. 커피 마을 부에나비스타Buenavista행 버스 시간은 다가오는데, 이른 아침이라 작은 택시조차 보이지 않았다. 문득 인디언 기우제가 생각났다. 가뭄에 인디언이 기우제를 지내면 어김없이 비가 온다는 얘기. 어떻게 그리 용할까? 비가 올 때까지 제사를 지내니까 그렇지! 나도 큰 택시 올 때까지 언제까지고 기다릴 수 있다. 예매한 버스표만 없다면 말이다. 그때 아들이 내 팔을 잡아당겼다.

"아빠, 저 형이 뭐라고 그래."

숙소 아래 맥줏집 창고에서 일하는 청년 에르난도였다. 마주칠 때마다 인사하는 사이였는데 땀 흘리는 모습이 보기 좋아서 '2011 대구세계육상선수권대회' 문구가 새겨진 수건 한 장을 주었었다. 그게 뭐라고 목에 두르며 기뻐하기에 덩달아 기분이 좋았는데 오늘도 파란색 수건을 두른 채 나를 부르고 있었다.

흔히들 인맥 관리를 잘하는 것이 21세기 경쟁력이라고 한다. 이를 주제로 하는 자기 계발서도 꽤 많은데 그 출발은 상대에 대한 정보를 수집하는 것이다. 내가 지금 콜롬비아에서 맞닥뜨린 이 난처한 상황을 인맥 관리를 통해 탈출하려면 어떻게 해야 할까? 숙소 아래 맥줏집 창고에서 일하는 청년이 '2011 대구세계육상선수권대회' 문구가 적힌 수건을 받고 좋아할지, 그 청년에게 혹시나 택시를 운전하는 친구가 있는지 이런저런 정보를 수집하고, 매일같이 인사하며 사귀어두어야 한다. 그런데 이재선식 인맥 관리는 이렇다. 그냥 문득 주고 싶어서 수건 한 장 준다. 받아서 좋고 주어서 좋고. 그런데 마침 그 청년의 친구가 택시 기사란 행운이 뒤따르는 식이다.

잠시 후에 큰 택시가 왔다. 승합차를 기대했는데 중형차. 콜롬비아에서는 큰 택시임이 틀림없다. 더 이상 선택의 여지가 없었다. 지금부터는 다시 테트리스 게임을 해야만 한다. 차 안 구석구석 짐과 사람을 끼워 맞춰야 성공이다. 겨우 숨 쉴 공간만을 남겨두고 문을 닫자마자 택시는 출발했다. 멀어지는 창밖으로 에르난도가 파란 수건을 흔들며 활짝 웃고 있었다.

안녕, 에르난도. 언제 또 만날 수 있을까?

보고타 버스 터미널 풍경은 우리네와 다르지 않았다. 군것질거리를 파는 매점과 커피와 빵을 파는 간이식당도 있었다. 매표창구에서 버스 회사별로 호객을 한다는 점만 좀 달랐을 뿐이었다. 그런데 터미널이 너무 커서 우리가 타야 할 버스를 찾기가 쉽지 않았다. 낯선 글씨를 뚫어져라 쳐다보며 터미널을 몇 번 왔다 갔다 했더니 결국 아내가 잔소리를 시작한다.

"자기만 믿으라며? 아침에 택시 탈 때도 그 난리를 치고 터미널 와서도 허둥대기만 하잖아. 어쩐지 한국에서 여권 빠뜨릴 때부터 불안하더라."

32리터짜리 배낭을 메고, 여행 가방 두 개를 끌고, 라면 박스를 옆구리에 낀 동양인 여인이 눈에 서릿발을 세우며 내게 쏘아붙이고 있었다. 그 모습이 너무나 우스꽝스러웠지만 이 상황에서 웃었다가는 행복한 남미 여행은 끝장이다. 그때 우리가 타야 할 아르메니아Armenia행 버스를 극적으로 발견했다.

"이 사람이, 내가 다 알지만 그냥 둘러본 것뿐이라고. 저기 있잖아!"

그제야 한결 풀린 표정으로 아이들을 이끌고 버스로 향하는 동양인 여인. 여기서 한발 더 나가야 가장에 대한 믿음이 생기지 않겠는가?

"어허, 버스 타는 시간이 얼마나 긴데. 화장실부터 가야지!"

이제 완전한 믿음을 되찾은 동양인 여인이 아이들을 데리고 화장실로 향한다. 한 명당 700페소를 지불하고 화장실을 썼다. 외국에서 유료 화장실을 쓸 때마다 우리나라 화장실 인심이 그리워진다.

지도상으로는 보고타와 아르메니아가 그리 멀리 않지만, 에콰도르에서 콜롬비아로 이어진 안데스 산맥이 두 지역으로 갈라지기 때문에 버스는 보고타가 있는 산맥에서 내려와 카우카Cauca 계곡을 지난 다음 다시 아르메니아가 있는 산맥으로 올라가야 한다. 그 말은 도심을 벗어난 버스는 계속 커브길을 달려야 한다는 뜻이다. 메스꺼운 차멀미에 비닐봉지를 찾고 있자니 터미널에서 잔소리를 퍼붓던 동양인 여인이 싸늘한 표정으로 한마디 했다.

"버스 뒤쪽에 화장실 있더라."

서둘러 화장실로 향하는 내 등 뒤로 한 번 더 비수가 꽂혔다.

달려라 달려!
안데스 산맥의 오르막 내리막 왼쪽 오른쪽.
달려라 달려!
내 인생의 오르막 내리막 왼쪽 오른쪽.

"그것도 공짜야! 대체 터미널에서 왜 돈까지 주고 화장실을 간 거야? 난 그땐 별로 생각도 없었는데."

아내의 잔소리를 피하기 위해 자는 척했지만 불편한 속은 쉽게 나아지지 않았다. 통행료를 내는 곳이 군데군데 나오는데 그럴 때마다 빵이나 과일을 팔기 위해 아줌마들이 버스에 올랐다. 아침 일찍 일어나 식사도 제대로 못 한지라 허기졌다. 아직도 속은 울렁거렸지만 미련한 식욕이 '양파링'과 비슷한 과자의 유혹을 이기지 못했다. 그런데 한 입 먹는 순간 입안 가득 퍼지는 치즈의 느끼함이란! 우웩.

네 시간이 지나서야 버스는 작은 휴게소에서 멈춰 섰다. 온 가족이 기진맥진한 상태였다. 휴게소 안에는 먹고 싶은 음식을 골라 담아 계산하는 뷔페식당이 있었다. 배는 고팠지만 뭘 먹을 수 있는 상태가 아니었다. 멀미 탓에 기름기 많은 음식은 보기만 해도 속이 울렁거렸고, 식당의 위생 상태를 보니 식욕이 싹 가셨다. 우리 가족은 막대 사탕과 띤또 한 잔으로 속을 달래고는 버스에 다시 올랐다.

그렇게 꾸불꾸불 달려온 아홉 시간. 마침내 아르메니아 표지판이 보였다. 탈출하다시피 버스에서 내린 가족들은 서로 얼싸안고 기뻐했다. 아르메니아 버스 터미널은 보고타와는 비교할 수 없이 작았지만 커피의 고장답게 커피 농장 투어를 광고하는 안내판과 카페 들이 향기로운 정취를 자아내고 있었다.

드디어 왔구나! 그토록 오고 싶었던 커피 나라, 커피 마을, 커피 농장. 커피 잔으로 본 엉터리 점괘를 핑계로 무작정 날아온, 아는 사람 하나 없고 한국인도 전혀 없는 지구 반대편 콜롬비아 어느 산골 마을. 낯설 법도 하고 두려울 법도 하건만 왜 이렇게 마음이 편하고 기분이 좋은

아르메니아에 오신 것을
환영합니다!

'내가 평생 내린 커피가
수천 아니 수만 잔은 될 거야.
날 거쳐 간 주인들도 돈깨나
만졌을 걸!'

것일까? 눈을 감고 신선한 공기를 한껏 들이마시는데 딸 소영이가 이상하다는 듯 혼잣말을 했다.

"우리가 가야 하는 곳은 부에나비스타인데…."

그랬다. 아르메니아는 킨디오Quindío 주의 주도州都 이름이고, 부에나비스타는 아르메니아에서 더 들어가야 만날 수 있는 작은 커피 마을 이름이다.(스페인어로 부에나Buena는 '좋다', 비스타Vista는 '경치'라는 뜻인데, 스페인어권에서는 높은 곳에 있어 경치가 좋은 마을에 부에나비스타라는 이름을 많이 붙인다. 그래서 부에나비스타는 이미 익숙한 이름이다.)

우리 가족이 부에나비스타행 버스표를 보여주니 운전기사는 맞은편에서 기다리고 있던 조그마한 버스로 우리를 안내해주었다.

또다시 커브길 한 시간!

그날 우리는 커브길만 열 시간을 달려야 했다. 문득 한국에서 초보 운전자들이 '왕초보, 직진만 세 시간'이라고 적힌 스티커를 붙이던 것이 생각났다. 정말이지 직진이 그리운 하루였다.

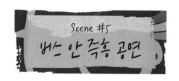

Scene #5
버스 안 즉흥 공연

페루 잉카문명이 고스란히 남아 있는 작은 인디오 마을. 그림같이 펼쳐진 고원지대를 배경으로 전통 의상을 입은 할머니가 까만 주전자에 차를 끓이고, 잘생긴 남자가 옆에 앉아 환하게 웃으며 할머니와 사진을 찍고는 고즈넉한 골목길을 낭만적으로 걸어간다. 그 아래로 카피한 줄이 선명히 찍히기 마련이다.

주저하지 마세요. 여행은 도전입니다.

여행사 광고는 보통 이렇다. 이런 광고에는 사람들이 합리적인 판단을 보류하고 원시적인 순수함으로 돌아가 무엇에 홀린 듯 여행사 전화번호를 누르게 만드는 힘이 있다. 삶의 다른 영역에서는 그렇게 이성적이라 자부하는 남자들도 해변을 배경으로 살짝 기울어진 야자수 사진만 보면 그곳에서 수영복 입은 미녀와 저녁을 함께할 수 있다고 믿게 된다.

광고 속 멋진 그 남자가 과연 '도전'을 했을까? 십중팔구 험준한 고원 마을까지 땀 한 방울 흘리지 않고 지프차를 타고 갔을 것이고, 할머니와 교감은커녕 억지로 사진 한 장 찍었을 것이고, 이 빠지고 손때 묻은 찻잔에는 입만 대는 시늉을 했을 것이다. 뭐, 아닐 수도 있다. 하지만 분명한 사실은 영화 속 주인공의 키스가 그렇게 달콤해 보여도 현실에서는 저녁에 먹은 마늘 냄새가 난다는 것이다.

아르메니아에서 부에나비스타로 가는 버스 안.

누군가 나를 봤다면 폼 나게 창밖의 저녁노을을 바라보며 지구 반대편 남미 여행에 푹 빠진 것처럼 보였겠지만 현실은 냉정했다. 당장 오늘 밤 머무를 숙소를 걱정해야 하는 상황은 분명 각본에 없었다.

해가 오른쪽으로 넘어가는 걸 보니 버스가 남쪽으로 가고 있군. 마을에 호텔은 있을까? 나뭇잎이 잔잔한 걸 보니 바람도 없네. 구름도 적으니 여차하면 텐트를 치고 자도 되겠는데. 그런데 짐이 너무 많잖아? 마을 성당 문이라도 두드려볼까? 두드리면? 스페인어도 잘 못하면서 그다음엔 뭐? 영화처럼 갑자기 장면이 바뀌어서 편안한 잠자리에 드는 것도 아니잖아….

버스가 잠시 멈춰 서서 사탕수수를 잔뜩 짊어진 아저씨를 태우고 또 산속으로 쉬지 않고 들어간다. 처음 본 사탕수수가 신기해서 쳐다보고 있자니 그 아저씨도 뚫어져라 나를 쳐다본다. 내 얼굴에 뭐 묻었나? 오, 이런! 그러고 보니 버스 안의 모든 사람이 우리 가족을 동물원 원숭이 보듯 구경하고 있다. 화면에서만 봤지 실제로는 동양인을 처음 보는 모양이다. 일단 애써 모른 척 외면하며 눈길을 돌렸다. 창밖에는 이내 어둠이 내려앉았다. 불안은 더해지고 산속으로 들어갈수록 승객은 점점 많아져 마지막에 탄 청년은 열린 버스 문에 거의 매달린 상태로 이동했다. 아니, 정확히 말하자면 매달려서 우리를 구경하고 있었다.

"아빠, 우리 어디서 내려야 해?"

"아, 종점이겠지 뭐. 종점."

그러고 보니 가족들도 나만 바라보고 있다. 여행사 광고에는 이런 상황이 없었는데…. 이럴 때는 공격이 최선의 방어다. 용기를 내서 우리 앞쪽에 어린 아들과 함께 나란히 앉아 있는 쫄바지 아줌마에게 말을 걸었다.

"에… 부스… 부에나비스타… 쿠안도Buenavista cuándo?"

부에나비스타에는 언제 도착하냐고 묻고 싶었던 것이다. 몸집이 넉넉한 아줌마가 쫄바지를 입어서 배가 유난히 드러나 보였는데 그만큼 인상도 넉넉해 보였다. 다행인 점은 쫄바지 아줌마가 내 말을 알아듣고 미소를 지으며 상냥하게 대답해준 것이고, 불행인 점은 질문 뒤에 쏟아져 나오는 대답이 무슨 말인지 도통 알 수 없었다는 것이다. 답답하다는 듯 옆에 있던 다른 아줌마가 말을 보태며 설명해주었다. 더 복잡해졌다. 이젠 조용히 구경만 하던 콜롬비아노Colombiano들이 너도나도 질문을 퍼부어대기 시작했다. 자, 이젠 필살기를 펼쳐야 할 때다.

나는 연극배우다. 그런데 내게는 치명적인 약점이 있는데 그것은 대사에 약하다는 것이다. "반찬이 없으면 밥맛이 없잖아?"라는 짧은 대사를 연습할 때조차 "밥맛이 없으면 반찬이 없잖아?"라고 바꿔 말하기 일쑤였고 발음도 형편없었다. 그럼에도 내가 시립 극단에 합격할 수 있었던 비결은 남다른 몸짓이었다. 대사가 없는 신체극만큼은 자신 있었고, 〈공씨 헤어살롱〉이란 가면극으로 에든버러 페스티벌까지 참가했다. 걸림돌은 생각하기에 따라 디딤돌이 될 수도 있는 것이다.

가로등도 없는 캄캄한 산길을 오르는 동안 좁은 버스 안에서는 즉흥 신체극이 펼쳐졌다. '우리는 한국 사람. 커피가 좋아서 부에나비스타에 1년 정도 살러 왔다. 혹시 부에나비스타에 호텔이나 우리가 묵을 숙소가 있는가? 집을 구하려면 어떻게 하면 되는가? 아이들은 학교에 보내고, 나는 커피 농장에서 일하고 싶다.'

멀리 불빛이 보였다. 하품을 하는 관객도 있었고 창밖으로 시선을 돌리는 관객도 있었다. 그러나 진정한 배우는 한 사람이라도 공연에 감동받는다면 목숨 걸고 무대에 오른다. 마을 광장에 들어선 버스는 시동을 아예 끄고 멈춰 섰다. 관객들이 일제히 버스에서 내렸다. 우리 가족도 무대에서 내려왔다. 공연은 이렇게 끝났다.

그 후 우리 가족은 어떻게 됐을까?

이번만큼은 영화에서 흔히 쓰는 장면전환과 하이라이트 편집을 해보자. 덩그러니 광장에 남아 있던 우리 가족은 유난히 말이 빠른 아주머니를 따라 짐을 옮기고, 그 집에서 저녁을 얻어먹었다. 밥과 소고기 튀김, 계란 프라이, 그리고 닭고기와 감자가 어우러진 수프가 나왔다. 하루 종일 버스에서 시달린 탓에 속이 거북했지만 눈물이 날 만큼 친절한 대접에 음식을 남길 수 없었다.

집주인 다리오는 전기 회사에 다니고 있고, 우리를 광장에서 구해준 누비아 아주머니는 마을의 유일한 학교인 인스티투토 부에나비스타 Instituto Buenavista 국어 선생님이다. 우리는 몸짓과 그림과 짧은 단어로 소통하기 시작했다. 누비아 선생님은 내일은 일요일이니 동네 구경을 하는 게 좋겠다며 아이들은 월요일에 학교에 입학할 수 있다고 했다. 마을 박물관을 운영하는 동생네 집 2층이 마침 비었는데 싼 월세로 묵을 수 있을 거라고도 했다. 게다가 다리오 씨 동생은 커피 농장을 운영하

누비아의 도움으로 우리 가족도
가방들도 잠시 숨을 돌렸다.

낯선 여행지에서 긴장한 마음을
다스리는 약이 있다면 웃음일 것이다.
그중에서도 누비아 선생님의 웃음은
최고의 약이다.

BUEN

"Paisaje, A

VISTA

nonía y Paz"

부에나비스타 표지판이 우리를 반긴다.
"풍경, 화합 그리고 평화"라는
슬로건을 가슴에 새겨본다.

고 있으니 일자리도 걱정 말라고 했다. 어떻게 이런 행운이 한꺼번에 찾아올 수 있을까? 지구 반대편에서 온 불청객을 이렇게 아무 대가 없이 친절하게 대해줄 수도 있는 것일까?

콜롬비아 산골로 향하던 버스 안 작은 공연. 내겐 영원히 잊지 못할 최고의 신체극 중 한 편이 될 것이다.

역시 몸짓은 언어보다 강하다!

부에나비스타에서의 낯선 밤.

누비아 선생님 가족과 우리는 마치 오랜 친구처럼 즐거운 대화를 나눴다. 큰딸 리나는 마을 변호사의 비서로 근무하고, 사위 윌리암은 터널 공사장에서 굴착기를 운전하는데 주말에만 집에 들어온다고 했다. 축구를 좋아하는 아들 산티아고와 니콜라스는 마을 관악대에서 튜바와 트럼펫을 연주한다며 '뚜-뚜-뚜-' 입으로 흉내를 냈다. 그 소리를 듣고 한밤중인데도 마당에 있던 닭이 같이 '꼬끼오' 하고 울었다. 아이들은 까르르 웃으며 정호에게 축구를 잘하냐고 물었다. 좀 있자니 '박지성이 최고다', '아니다, 팔카오(Falcao: 콜롬비아의 유명 축구 선수)가 더 잘한다'라면서 즐겁게 떠들었다. 정호도 또래 형들과 이야기하면서 노는 게 무척이나 즐거운 모양이었다.

그런데 잠깐! 이야기하고 논다고? 스페인어도 모르는 정호가 떠들고 놀다니, 아이들은 더 잘 통하는 법인가? 정호야, 너 어떻게 스페인어를 그렇게 잘하게 됐냐? 막내 정호가 피식 웃으며 한마디 했다. '꼬끼오'요 녀석이 아빠를 놀리나? 대답은 않고 웬 닭 울음소리? 그러자 산티아고와 니콜라스도 깔깔 웃으며 나를 보고 대답했다. "아저씨도 우리

말 잘 들리잖아요?"

대체 이게 무슨 일이지?

꼬끼오오

눈을 떴다. 어슴푸레 날이 밝아오고 있었다. 수탉이 여기저기서 목청 껏 소리를 질렀다. 잠이 더 올 것 같지 않았다. 산책을 하려고 마당에 나오니 제법 차가운 공기에 정신이 맑아진다. 그동안 아닌 척했지만 여기까지 가족을 이끌고 온 책임감이 무거웠던 모양이다. 별 희한한 꿈을 다 꾸고…. 그때 한 청년이 악수를 청하며 다가왔다. 오늘은 일요 일 아침. 그렇다면 굴착기를 운전하는 사위 윌리암이 분명했다. 처음 보았지만 직감으로 알 수 있었다. 맞잡은 손이 두툼했다. 헉! 지그시 힘 을 준다. 나도 따라 힘을 주었다. 웃으며 인사했지만 두 남자는 악수를 하며 짧은 탐색전을 끝냈다.

"조깅?"

"오케이!"

이 정도면 신고식인 셈이다. 대답하기 무섭게 윌리암은 앞서 달리기 시작했다. 나는 가볍게 몸을 풀면서 뒤따라 달렸다. 뛰는 폼을 보니 만 만치 않은 상대인 것 같다. 게다가 아침부터 축구복을 입고 있지 않은 가. 그제야 누비아 선생님 거실 벽에 걸려 있던 사진 속 축구 선수가 윌 리암이라는 걸 깨달았다. 브라질, 아르헨티나 등 축구 강호에 밀려 월 드컵 진출은 몇 번 못 했지만 콜롬비아 축구는 결코 약하지 않다. 후에 알게 된 일이지만 윌리암은 부에나비스타가 속한 킨디오 주 청소년 대 표 선수 출신이었다. 하지만 나도 질 수는 없다. 올림픽의 꽃, 마라톤! 바로 춘천 마라톤에서 풀코스를 완주한 대한민국의 이재선이다. 이것이 신고식이라면 윌리암은 종목을 잘못 선택한 것이다.

두 남자는 떠오르는 해를 등지고 언덕 아래로 달렸다. 아직은 둘 다 속도를 내지 않는다. 마을 아래 축구장과 병원, 소방서를 지나 광장을 한 바퀴 돌았다. 반환점을 지난 것이다. 윌리암이 곧장 따라오는 날 보고 견딜 만하냐는 듯 씩 웃었다. 질세라 나도 씩 웃어주었다. '그래 지금 웃어라. 좀 있으면 슬퍼질 테니.' 스퍼트를 낼 때를 가늠하고 있는데 윌리암이 먼저 속도를 내기 시작한다. 여기서 처지면 안 된다. 그런데 체력이 많이 떨어졌는지 평소보다 일찍 숨이 차기 시작했다. 어? 이게 아닌데…. 그때서야 여기는 해발 1,500미터가 넘는 고지대임을 깨달았다. 설상가상으로 길은 오르막으로 이어졌다.

'흡흡 후후' 숨소리가 흐트러지지 않게 이를 꽉 물었다. 윌리암이 제법이라는 듯 웃으며 뒤를 돌아본다. 심장이 터질 것 같지만 여유 있는 표정으로 나도 웃어 보였다. 집에 도착하자 윌리암은 흡족한 듯 내 어깨를 감쌌다. 뭐라고 얘기를 했는데 들은 단어는 '축구'와 '함께'였으니 아마 같이 축구 한번 하자는 뜻이리라. 이 정도면 무사히 신고식을 치른 셈이 아닌가?

하지만 이게 끝이 아니었다.

오후에 누비아 선생님의 남편 다리오가 마을 구경을 시켜주었는데 들르는 곳마다 낯선 동양인을 따뜻하게 맞아주었다. 그러고는 한 건물로 들어갔는데 내게는 무척이나 익숙한 광경이 펼쳐졌다. 녹색의 그라운드, 당구장! 늘 자상하게 대해주던 다리오가 장난스러운 표정으로 내게 큐대를 내민다. 두 번째 신고식!

"트레스 반다스 에스타 비엔Tres bandas está bien?"(스리쿠션 괜찮아?)

무슨 말인지 모르지만 상관없다. 어차피 당구장에서는 포켓볼 아니면 공이 세 개인지 네 개인지의 문제니까. 역시 공 세 개가 올라왔다. 낯익은 큐대의 감촉. 승부다! 이건 질 수 없다. 내가 한국 당구장에서 먹은 짜장면만 해도 몇 그릇인데…. 시험 삼아 연습 구를 쳐보았다. 어? 공이 구르는 게 매끄럽지 못한데. 손으로 쓱 쓸어보니 당구대 관리 상태가 엉망이다. 게다가 큐대의 팁도 손질을 안 해서 거칠고 삐뚤었다. 하지만 목수가 연장 탓하랴? 진정한 실력은 악조건 속에서 발휘되는 법.

다리오가 게임 시작을 선언했다. 보통 한국에서는 실력에 따라 핸디를 적용하는데 여기는 15점을 먼저 치는 사람이 이기는 방식이었다. 규칙만큼은 스리쿠션 국제 대회를 따르는 셈이다. 다리오가 초구를 양보했다. '틱' 처음부터 미끄러졌다. 아, 이거 큐대가 너무하잖아…. 마음속으로 불평하는데 다리오가 정확하게 '빗겨치기'를 성공했다. 그런데 여기서 잠깐. 점수판 모양이 생소하다. 당구대 옆 벽면에 붙어 있는 것이 아니라 빨랫줄처럼 천장에 걸려 있다. 다리오는 계속해서 '대회전'에 성공했다. 오랜만에 찾아온 내 차례에 빈 쿠션을 칠 기회가 왔다. 비교적 쉬운 포지션이다. 그런데 회전이 제대로 먹지 않아서 수구는 아슬아슬하게 두 적구를 비켜 갔다. 이쯤 되면 기존에 알던 각을 버리고 힘 당구로 대적해야만 한다.

드디어 왔다. 내가 한국에서 눈 감고도 잘 치던 '안돌리기'. 그래 이거다. 내가 친 수구는 제1적구를 맞추고 돌아서 정확하게 제2적구로 향하다 갑자기 무엇에 걸린 듯 덜컹거리며 옆으로 빠져버린다. 이게 뭐야? 영문을 모른 채 멀뚱대고 있자니 다리오가 크게 웃으며 당구대 위에서 무언가를 집어낸다. 맙소사! 메뚜기 비슷한 벌레였다. 자세히 보니 해가 진 후 불빛을 따라 몰려든 벌레들이 당구대를 점령하고 있었

달리기 신고식을 통과하자
윌리엄은 오토바이 뒷자리를
허락했다.

세상에서 가장 맛있는 짜장면은
당구장에서 시켜 먹는 짜장면.
세상에서 가장 맛있는 커피도
당구장에서 시켜 먹는 커피.

다. 휴대전화만 한 나방, 몸통은 작은데 다리는 엄청나게 긴 하루살이, 모기처럼 자꾸 물어대는 벌레 등 종류도 다양했다. 사람 입장에서 보면 이런 훼방꾼이 있나 싶지만 벌레 입장에서는 참혹한 킬링필드가 따로 없는 셈이다. 조명에 부딪쳐 죽고, 구르는 당구공에 깔려 죽고, 사람 손에 눌려 죽고, 발에 밟혀 죽고….

결국 경기는 다리오의 승리로 끝났다. 나는 막판 투혼을 발휘했지만 3점 차까지 따라가는 데 만족해야 했다. 달리기와 당구, 두 번의 신고식에서 두 번 다 지고 말았지만 결과는 대성공이었다. 다리오와 윌리엄 모두 나를 그들의 생활 속으로 기꺼이 받아주었기 때문이다. 기나긴 여행의 압박감에서 벗어나 비로소 머무는 여행을 즐길 준비가 되었다. 오늘 밤은 단잠에 빠질 수 있을 것 같다.

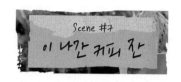

Scene #7
이 나만 커피 잔

줄기차게 내린다.

이 많은 비가 내리기까지 얼마나 많은 물이 수증기가 되어 올라간 것일까? 내린 비는 대지를 적시고 강과 바다로 흘러갔다가 다시 올라가 구름이 될 것이다.

여기에 온 지도 일주일이 지났다. 억센 비가 내리는 동안 많은 일들이 있었다. 한 해 동안 머물 집도 구했고 애들 학교도 무사히 보냈다. 인터넷도 연결했다. 한 달에 7만 페소를 주면 무선 인터넷을 쓸 수 있는데 마을 전체 허브가 우리나라 가정용 무선 공유기 수준이다. 포털 사이트 한번 열리면 한참을 기다려야 하지만 인터넷 전화 쓰고 메일 주고받고 블로그 활동하는 데는 그럭저럭 쓸 만하다.

드문드문 햇살이 얼굴을 내비치던 어느 날. 다리오와 누비아가 친구네 농장으로 놀러 가자고 한다. 물론 커피 농장이다. 얼마나 기다렸던가! 커피의 본고장에서 드디어 커피나무를 만난다. 콜롬비아에는 다양한 커피 농장 투어 상품이 있다. 농장을 한두 시간 둘러보고 커피 한 잔 마시는데 3만 페소, 거기에다 생두를 골라서 볶는 로스팅 과정까지 체험하면 5만 페소, 커피의 맛과 향을 테스트하는 작업인 커핑Cupping과 농

장에서 주는 간이 수료증까지 추가하면 10만 페소다. 이 정도면 커피 농장은 농사를 짓는 1차 산업만이 아니라 생두를 수확해서 볶은 원두를 제조하는 2차 산업인 동시에 음료 판매와 관광까지 아우르는 3차 산업의 현장인 것이다. 우리나라에서 '쌀 박사'로 통하는 경북대학교 손재근 교수는 농업을 '6차 산업'으로 표현한다. 1+2+3=6이 아니라 1×2×3=6인 6차 산업! 결과는 같지만 전자와 후자는 큰 차이를 보인다. 후자의 경우 1차 산업이 '0'이 되면 결과도 '0'이 되는 것이다.

해발 1,500미터. 산 밑으로 아르메니아가 한눈에 들어오고 콘도르가 파란 하늘을 가로질러 날아간다. 비 갠 오솔길에서는 흙냄새가 솔솔 풍겨 오고 공기는 적당한 수분을 머금고 있다. 이참에 콜롬비아 커피 농장 올레길이라도 개발해볼까 싶다. 30분 정도 걸어가니 비탈진 커피밭 사이로 예쁜 집 한 채가 보였다.

커피 농장 산타 엘레나Finca de Santa Elena.

보성 차밭처럼 산허리에 커피나무들이 군집해 있는 장관을 기대했지만 실제로 본 풍경은 잡목림이었다. 커피나무 말고도 플라타노(Platano: 바나나의 한 종류)와 오렌지, 망고 등 과일나무를 함께 심었기 때문이다. 이렇게 키 큰 과일나무와 커피나무를 함께 재배하는 농사법을 협력 농법Asociado Método de Sembrar이라 하는데 그늘 농법과 같다.

그늘 농법은 원래 밀림 속에서 자라던 커피의 자연 서식지와 구조적으로 비슷할 뿐 아니라 소규모 자영농에게 커피 외 다른 작물 수입을 제공한다는 점에서 아주 효과적이다. 또한 키 큰 나무들이 만드는 그늘이 커피나무에 적절한 온도와 습도를 만들어주며 떨어진 낙엽은 거름이 된다. 나무에 유익한 곤충류가 상생하면서 병충해를 막아주니 독성

1년 내내 봄날 같은
커피 농장 산타 엘레나에는
항상 꽃이 피어 있다.
그래서인지 산타 엘레나에 가면
언제나 이야기꽃도
활짝 피어난다.

강한 농약이나 화학비료를 쓸 필요도 없다. 이런 재래식 커피 농장들은 환경친화적이고 생태적으로도 안정적인 전통 방식을 고수한다.

브라질의 거대 커피 농장인 이파네마 아그로인두스트리아Ipanema Agroindustria는 이와 정반대다. 대지 4000만 제곱미터에 커피나무도 1200만 그루가 넘는데 단일 커피 농장으로 전 세계 최대 규모다. 풍작일 때는 1년에 7,000톤 가까운 생두가 생산되는데 수확할 때면 기계에서 수평으로 길게 나온 막대들이 커피나무를 두드려 콩을 털어낸다. 이런 곳에서는 자동화 시스템에 방해가 되니 그늘을 만들어줄 다른 나무는 심지 않는다. 그 결과 커피콩 하나하나에 들어가는 정성이 부족하고 풍미가 떨어진다.

농장주 리카르도가 마당에서 오렌지를 따 왔다. 껍질이 아직 푸릇푸릇한 신선한 오렌지! 한입 베어 무는 순간 신맛과 단맛이 입안 가득 퍼졌다. 주방에서는 리카르도의 아내가 커피나무 장작불로 물을 끓였다. 시골 할머니 댁에서 장작불에 가마솥을 올리고 밥 짓던 장면이 떠오른다. 고슬고슬한 쌀밥에 김치만 얹어 먹어도 꿀맛이 아니던가?

커피 농부가 거친 손으로 직접 내려주는 커피는 마시기도 전에 감동을 주었다. 아니야, 이건 그저 똑같은 커피일 뿐이야. 감정에 휘둘리지 말자. 냉정히 마셔보자. 커핑할 때 무슨 항목들이 있더라? 아로마, 바디감, 신맛의 정도, 단맛의 정도…. 으으음, 맛있다! 찌꺼기가 섞인 커피였는데도 향과 맛은 어디에 내놔도 빠지지 않을 최상급이었다. 물론 커핑 전문가가 맛을 보았다면 평가는 달라졌겠지만 그 순간 나의 이론은 커피 농부의 정성이 담긴 커피 한 잔에 무너지고 말았다.

마지막 한 방울까지 다 마시고 잔을 내려놓으니 그제야 커피 잔에 이

이가 나간 잔에 담긴 커피.
맛이 나빠지진 않았다.

세상에서 가장 맛있는
오렌지는 방금 딴 오렌지.

누가 뭐래도
커피는 정성이다.

가 나간 것이 보였다. 얼마나 오랫동안 사용했을까? 이가 나간 곳은 이미 날카로움을 잃고 반들반들 윤이 났다. 다칠 염려가 없는 잔이었다. 이 커피를 그대로 유명 커피 체인점 테이블에 내려놓는다면 아마 고객들의 항의가 빗발칠 것이다. 이쯤 되면 그동안 내가 알고 있던 커피의 평가 기준을 다시 한번 생각해봐야 하지 않을까.

우리는 여전히 말보다 몸짓으로 대화를 이어갔다. 다리오는 리카르도 농장의 커피가 부에나비스타에서도 손꼽히는 최상급 원두라고 자랑했다. 누비아는 우리와 함께한 일주일을 엄청 빠른 스페인어로 풀어나갔다. 살사 데 토마테(Salsa de tomate: 토마토케첩), 무초(Mucho: 많이)와 피칸테(Picante: 맵다)가 나오는 걸로 봐서 한국인은 매운 음식을 좋아한다는 내용 같았다.

"아빠, 왜 오렌지가 초록색이야?"

가끔 아이들은 어른들이 간과하는 부분을 콕 집어낸다.

그래, 대체 왜 이 농장 나무에 달린 오렌지는 초록색이란 말인가? 대답이 궁하던 차에 뚝뚝 빗방울 떨어지는 소리가 들렸다. 맑은 하늘은 이내 흐려졌다. 리카르도는 서둘러 옥상으로 올라갔다. 무슨 일일까? 따라 올라가보니 널어놓은 커피 생두가 비에 젖지 않게 지붕을 덮어주려는 것이었다. 지붕에 달린 바퀴 하나가 말을 듣지 않아 몇 번 힘을 주니 덜컹이며 펼쳐지기 시작했다. 우기에는 하루에도 몇 번씩 열었다 닫았다 정성을 들여야만 생두가 썩지 않고 잘 마른다고 한다.

"아빠, 왜 오렌지가 초록색이냐니깐?"

가끔 아이들은 어른들보다 더 집요한 구석이 있다.

"아빠가 머지않아 커피 농장에서 일을 좀 배울 거거든. 그때 알아볼게. 조금만 기다려."

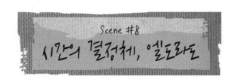

Scene #8
시간의 결정체, 엘도라도

새벽 5시 30분.

산허리에 동이 튼다. 태양은 마을 구석구석 숯검정처럼 묻어 있던 어둠을 지워내곤 어느새 황금색으로 타오른다. 해가 뜨는 지금 이 순간이 엘도라도, '황금 도시'다. 들뜬 마음에 손을 내밀어 쥐어본다. 잡힐 듯 잡힐 듯 잡히지 않는다. 황홀경에 취하다 보면 금세 황금은 사라지고 찬란한 빛만 부서진다. 신기루였나? 엘도라도는 있는 걸까 없는 걸까? 대체 내가 황금을 보긴 본 걸까?

"올라, 리Hola, Lee!"(안녕, 리!)

"아… 올라, 페르난도Hola, Fernando!"(안녕, 페르난도!)

누비아 선생님 집에서 나온 우리는 페르난도 옆집에 새 보금자리를 마련했다. 해가 잘 들어오는 이층집. 이삿짐이래야 여행 가방 네 개가 전부지만 1년간 살 집이라고 생각하니 몹시 설렌다. 간소한 살림살이를 꺼내고, 집을 청소하고, 부산을 떠는 동안 페르난도는 우리 가족을 멀뚱멀뚱 바라보기만 했다. 낯선 동양인을 이웃으로 둔다는 건 부에나비스타에서 흔치 않은 일이다. 하지만 멀리 사는 친척보다 가까이 있는 이웃이 살아가는 데 더 힘이 되는 법. 더구나 지구 반대편에서의 삶이

이웃,
빨래,
골목,
아이들···.
그냥 좋은 단어들.

라면 이웃은 우리에게 절대적인 존재다. 친구가 되는 데 언어는 중요하지 않다. 그리고 우리는 며칠 지나지 않아 금세 친해졌다.

어느 날 페르난도가 내 손을 잡아끌며 무언가를 보여준다고 했다. 그러고는 작은 통에 든 가루를 하얀 종이 위에 부었다. 강황 가루같이 생긴 것이 양념처럼 보여서 코를 댔더니 아무 냄새도 나지 않는다. 이리저리 돌려 보니 반짝이는 게 모래 같기도 하다. 페르난도는 웃으며 "엘오로, 엘 오로"라고 말했다. 순간 정신이 번쩍 들었다. 콜럼버스, 신대륙, 황금 도시…. 사전을 찾아보니 역시나!

El oro: 금

이게 말로만 듣던 사금인가. 아이 돌 반지나 어머니 금목걸이에서 어렵지 않게 보던 금이었지만, 가공되지 않은 금가루를 보니 살짝 상기되었다. 페르난도는 하얀 종이 위에 뿌린 금가루를 조심스럽게 다시 통에 담았다. 아마 더 놔두면 내가 금가루를 코로 들이마실 기세라고 생각한 모양이었다. 페르난도가 자랑스럽다는 듯 통을 흔들어 보이며 내 어깨를 툭 쳤다. 페르난도의 직업은 '금꾼'이다. 커피 농장 일을 그만두고 금을 줍기 시작한 지도 벌써 5년째라고 한다. 사금 캐기는 농장 일보다 많이 힘들지만 수입은 좀 더 낫다. 게다가 농장 일은 월급이 정해져 있지만 사금 캐기는 자기가 흘린 땀만큼 돈을 벌 수 있는 일이다. 호기심이 가득한 나는 그가 금을 캐는 강에 같이 가고 싶다고 했다. 그리고 오늘 나는 페르난도와 함께 금을 캐러 간다. 엘도라도!

버스는 30분을 달리다가 베르데 강^{Rio verde} 앞에서 멈춰 섰다. 강을 따라 걷는데 햇살이 물에 비쳐 반짝인다. 모래를 잔뜩 안고 흐르는 강은 힘이 넘쳤다. 이 강에 진짜 금이 있는 것일까? 사금을 캐는 도구는 간단했다. 흙을 실어 나를 바구니와 돌을 걸러낼 뜰채, 삽, 물통이 전부였다. 페르난도는 강가에다 가지런히 도구들을 놓고는 나를 보며 웃었다. 준비 완료! 내 도구도 간단했다. 캠코더를 가방에서 꺼내 배터리를 확인하고 전원을 켰다. 그러고는 페르난도를 향해 씩 웃어주었다. 나도 준비 완료!

페르난도는 내게 작업이 어떻게 진행되는지 알려주었다. 역시 입에서 나오는 말보다 몸에서 나오는 움직임이 더 이해하기 쉬웠다. 자, 이제 촬영해볼까. 내가 손가락으로 오케이 신호를 보냈더니 페르난도도 똑같이 신호를 보내고는 내 손에 있는 캠코더를 가져가고 대신 삽을 건네주었다.

음, 몸짓 언어가 소리 언어보다 덜 정확한 건 사실이다. 나는 촬영을 하겠다는 거였는데…. 할 수 없다. 나는 강가에서 모래를 퍼 바구니에 담았다. 우선 큰 돌부터 빼내고 다시 체에 부어 작은 돌을 골라냈다. 이 작업을 끊임없이 반복해야 했다. 남이 하는 걸 보면 신기하고 재미있지만 직접 해보면 장난이 아니다. 페르난도는 새로 얻은 일거리가 마음에 드는지 캠코더로 촬영하며 연신 웃음을 터뜨렸다. 어느새 해는 머리 꼭대기에 올라 있었다. 반가운 점심시간.

페르난도의 아내 제니가 싸준 도시락에는 튀긴 플라타노와 밥이 들어 있었다. 역시 밥알이 사방팔방으로 굴러다닌다. 콜롬비아의 밥은 겉으로 보기엔 별다를 것 없는데 먹어보면 우리의 밥과 좀 다르다. 언젠가 주방에서 누비아 선생님이 밥을 지을 때 유심히 살펴보았더니 쌀과 물만 넣는 게 아니라 소금 두 큰 술과 식용유 한 국자를 넣는 것이 아닌

저 강은 사금을 안고 흘러가고
세월은 지금을 안고 흘러간다.

지금 흘리는 내 땀이 금이다.
일하고 먹는 밥이 금이다.

가. 소금은 간을 한다고 치자. 그럼 대체 식용유는 뭐란 말인가? 그 이유를 들어보니 밥솥에 밥알이 눌어붙지 않게 하기 위해서란다. 우리가 맛있게 먹는 누룽지를 콜롬비아 사람들은 못 먹고 버리는 밥으로 아는 것이다. 쌀 한 톨이라도 아끼려는 마음은 같은데 해결하는 방법은 한국과 콜롬비아가 이렇게 다르다. 하지만 동서양을 막론하고 가장 맛있는 밥은 일하고 난 후에 먹는 밥이다. 정신없이 그릇을 비우고 나니 페르난도와 동료들이 밥과 반찬을 조금씩 덜어서 내게 준다. 이럴 땐 마다하지 않고 먹어야 한다. 꿀맛이다.

이날 우리는 꽤 많은 사금을 건졌고, 페르난도는 기념으로 내게도 사금을 조금 나눠주었다. 아직도 내전이 끝나지 않은 콜롬비아에서 사금 캐기는 레저가 아니라 생존 수단이다. 이 강에서 50년째 사금을 줍고 있는 흑인 아주머니가 있었다. 베테랑답게 그 어떤 건장한 청년들보다 캐는 사금 양이 많았다. 비결을 물어보았다.

들은 척 만 척. 한참 동안 모래를 걸러내더니 하시는 말씀.

"일찍 나와!"

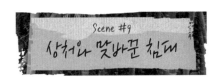

뜨끔!

마취 주사가 턱 밑을 사정없이 찌르고 들어온다. 유난히 하얀 천장을 쳐다보고 있자니 정신이 몽롱해진다. 이윽고 실과 바늘이 날카롭게 찢어진 살갗을 뚫고 서걱거리면서 상처를 꿰매기 시작한다. 분명히 마취를 한 것 같은데 통증은 여전하다. 마취가 아직 안 됐다는 신호를 보냈으나 우리 집 오른쪽에 사는 간호사 리스비아는 아무 걱정 말라는 듯 눈을 마주치며 웃어준다. 병실 문밖에는 우리 집 왼쪽에 사는 금꾼 페르난도가 치료가 끝나기를 기다리고 있다.

그럼 우리 집에 함께 사는 아내는? 곁눈질로 흘끔 보니 아주 열심히 캠코더로 촬영 중이다. 이런 에피소드는 좀처럼 얻기 힘들다는 듯 무척이나 흥미진진해하는 얼굴이다. 피 묻은 솜, 간호사의 손길과 표정, 병실 전체의 모습 등 어느 하나 빠뜨리지 않고 담고 있다. 이 정도면 아내가 아니라 외주 카메라 감독이다. 대체 내 턱은 어쩌다 찢어진 걸까? 이 이야기는 시간을 거슬러 올라가야 한다.

마을 광장에서 얼마 떨어지지 않은 곳에 이층집 세 채가 나란히 서 있다. 가운데 집이 바로 우리 집이다. 누비아 선생님 집에서 이사를 나왔지만 우리는 한동안 텐트를 치고 자야 했다. 왜냐고? 벌레 때문에!

한국의 아파트에서는 바퀴벌레 한 마리만 나와도 기겁하며 온 가족이 소탕 작업을 벌이지 않는가? 여기에서는 애당초 벌레 소탕 작전이 불가능하다. 좀 과장되게 얘기하자면 공기 반, 벌레 반이다. 시도 때도 없이 수많은 벌레들과 전투를 치른다. 아이들도 아이들이지만 아내도 벌레라면 달아나기 바쁘다. 안면이 좀 있는 바퀴벌레는 그렇다 쳐도 생전처음 보는 벌레들이 날아들면 나조차도 깜짝깜짝 놀란다. 한때는 귀신잡는 해병대였는데 지금은 벌레 보고 놀라는 신세가 되고 말았다.

게다가 가끔은 옆집에서 페르난도도 놀러 오고 그 집 수탉도 놀러 오는데 이 녀석은 꼭 남의 집 현관문 앞에 볼일을 보고 간다. 게다가 집밖과 집 안이 구분이 안 되어 페르난도가 무심코 신발을 신고 방까지 들어오는 상황에서 그냥 이불만 깔고 잘 수는 없는 것이다.

유일한 벌레 청정 지역은 텐트 안뿐. 낭만적인 텐트 생활? 그것도 하루 이틀이지 한 달 내내 딱딱한 바닥에서 자면 온몸이 뻐근하고 피로가 풀리지 않는다. 가끔 몸부림 심한 막내의 발길질에 제대로 맞기라도 하는 날에는 어김없이 멍이 들곤 했다. 침대에서 자고 싶다!

우리 가족은 텐트에서 탈출하기로 결심했다. 방 한쪽 구석에서 뼈대만 드러내고 있던 '나무틀'. 내가 그의 이름을 불러주었을 때 그는 나에게로 와서 침대가 되었다. 그래 지금부터 너는 그냥 '나무틀'이 아니라 다시 침대가 될 것이다. 작전 개시!

우선 빠진 나무 막대를 끼우고 손질해서 침대 프레임을 튼튼히 했다. 이웃 페르난도가 자기 집에서 쓰던 매트리스를 주기로 약속했기 때문에 남은 과제는 매트리스를 받치는 나무 널판을 구하는 것이었다.

콜롬비아에서는 구아두아(Guadua: 매우 굵고 키가 큰 대나무)로 만든 가구들이 전통 공예품으로 유명하다. 일반 합판보다 손이 많이 가고 가공도 쉽지 않아 전문 가구 매장에서만 구입할 수 있는데, 우리나라의 자개농처럼 구아두아 장인의 제품은 엄청 비싼 가격에 판매되고 있다. 그냥 가까운 목공소에서 합판을 사야 하나 고민하고 있는데 페르난도가 그럴듯한 제안을 했다. 금꾼 페르난도의 친구인 또 다른 페르난도(마을에는 페르난도가 참 많다.)의 농장에는 구아두아가 많으니까 같이 가서 몇 그루 베어 오자는 것이다. 돈도 안 들고 침대 만드는 재미도 있으니 일석이조가 아닌가? 고맙고 반가운 마음에 페르난도를 따라나섰다. 그러나 그때까지만 해도 난 그 선택의 대가가 얼마나 클지 전혀 몰랐다.

페르난도의 정글 칼은 만능이다. 사탕수수나 풀을 벨 때도 썼고 지금은 구아두아를 자르는 데 쓰고 있다. 검도 동호인들이 베는 대나무 두께와는 차원이 다른데도 페르난도는 능숙하게 구아두아를 쓰러뜨리며 무사의 면모를 보여주었다. 잠시 후 무사 페르난도는 차력사 페르난도가 되어 10미터가 넘는 구아두아 나무를 어깨에 메고 언덕을 오르기 시작한다. 해병대 이재선도 질 수 없지 않은가? 그런데 구아두아는 어깨에 올리는 게 더 어렵기 때문에 중간에 내릴 수가 없다. 힘이 부치고 다리가 후들거리더라도 쉬지 않고 언덕을 올라 집 앞 공터까지 도착해야만 했다.

그렇게 너댓 번을 옮겼을까? 비지땀을 흘리며 무거운 구아두아를 땅에 던지는 순간 탄력이 붙은 구아두아가 바닥에서 튀어 올라 내 턱을 정통으로 가격하고 말았다. 난 놀라서 곧장 주저앉았고 턱 밑으로 피가 흐르는 것을 느꼈다. 손이 더러워서 상처를 만져볼 순 없었지만 이

상처는 꿰매야 한다는 것을 직감했다. 마침 오토바이를 타고 지나가던 이가 나를 병원으로 태워주었고, 구아두아 침대가 아닌 병원 침대에 먼저 눕는 신세가 된 것이다.

상처 크기로 봐서는 적어도 예닐곱 바늘은 꿰매야 할 텐데 듬성듬성 세 바늘로 간단히 치료를 끝냈다. 이래도 되나? 아무튼 턱 밑에 영광의 상처를 얻고 병실을 나서는데 카운터에서 나를 부르는 소리가 들렸다.

"카르네트 데 살루드, 포르 파보르Carnet de salud, por favor."(건강 카드, 부탁합니다.)

간호사가 웃으면서 건강 카드를 달라고 하는 것이다. 여긴 콜롬비아! 대한민국 의료보험증이 적용될 리 없다. 무보험 외국인이라 치료비가 7만 8000페소나 나왔다. 한국에서 봉합을 좀 해봐서 아는데 세 바늘이면 그리 비싸지 않다. 몇 년 전 유도 도장을 다닐 때 버팅(Butting: 권투나 격투기 종목에서 머리로 상대편 선수를 들이받는 것)으로 눈썹 위에 일곱 바늘을 꿰맨 경험이 있다. 가면극을 할 때였는데 분장을 하지 않은 건 다행이었지만 가면이 상처를 자꾸 건드려서 무척 고생한 기억이 난다. 그때 정형외과에서 지불한 치료비는 만 원 정도였다.

마취 주사가 뒤늦게 효력을 발휘하는지 턱의 감각이 점점 무뎌졌다. 그런데 이상하게 꿰맨 턱에서 소리가 났다. 집에 돌아가서 텐트 안에 누워 턱 마사지나 하며 좀 쉬려고 했더니 페르난도가 내 어깨를 '턱' 치며 휴식은 '턱'도 없다는 듯 이제 '턱' 꿰맸으니까 하던 일 마저 하자며 병원 문'턱'을 나섰다. 차력사 페르난도는 무자비한 작업반장 페르난도가 되어 구아두아를 두어 번 더 옮기게 만들었다.

그다음 과정은 침대 폭에 맞게 구아두아 나무를 자르고 반으로 쪼개는

온몸으로 배운
침대의 소중함.

것이다. 그리고 며칠을 햇볕에 말린 후 나무에 벌레가 꼬이지 않도록 포르말린을 바르고 말리는 과정을 여러 번 반복해야 했다. 마지막으로 페르난도에게 받은 매트리스의 먼지를 털어내고 짜 맞춘 구아두아 나무 위에 얹었더니, 방 한쪽 구석에 있던 나무틀이 훌륭한 침대로 변신했다.

침대에 누워 눈을 감았다. 기분 좋은 피로감이 몰려왔다. 눈을 떴더니 아내는 캠코더를 들고 침대를 샅샅이 촬영하고 있고, 페르난도는 벽에 기대서 만족스러운 표정으로 노래를 부르기 시작했다.

"라 쿠카라차, 라 쿠카라차La Cucaracha, La Cucaracha."

우리도 잘 알고 있는 멕시코 민요 '라 쿠카라차'.

1910년 멕시코 혁명 당시 독재 정부와 지주들의 착취에 저항한 농민들이 부른 노래로, 라 쿠카라차는 바퀴벌레라는 뜻이다. 보잘것없는 존재이지만 바퀴벌레처럼 끈질긴 생명력으로 영원하리라는 바람이 담겨 있다.

페르난도, 그대의 끈질긴(!) 이웃 사랑에 진심으로 감사를 표한다.

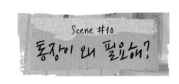

Scene #10
통장이 왜 필요해?

"일주일 뒤에 다시 오세요."

또 일주일 뒤다. 은행에 통장을 신청한 지 2주가 지났는데 이번에도 일주일 뒤에 오라고 한다. 하지만 만들어야만 한다. 보고타에서 환전한 페소도 거의 다 썼고 혹시나 해서 가져온 신용카드는 부에나비스타에서 통하지 않는다.

보통 외국에서 가장 쉽게 현금을 찾는 방법은, 먼저 한국에 있는 씨티은행에서 계좌를 만들고 예금한 후 현지의 현금 인출기에서 찾는 것이다. 수수료가 조금 비싸긴 하지만 웬만한 나라에는 씨티은행이 다 있으므로 가장 편리한 방법이다. 콜롬비아에도 물론 씨티은행이 있고 나도 계좌를 만들어두었다. 그런데 집에서 가장 가까운 씨티은행 현금 인출기까지 차 타고 몇 시간이나 걸린다면?

좀 더 자세히 설명하면 이렇다. 내가 사는 부에나비스타에서 한 시간 동안 버스를 타고 아르메니아 터미널로 간다. 터미널에서 버스를 갈아타고 더 큰 도시인 칼리Cali나 페레이라Pereira까지 두어 시간을 간 후 택시를 타고 가까운 씨티은행으로 가자고 해야 한다. 올 때는 고스란히 역순! 그러면 왕복 여섯 시간이 넘는다. 현금 찾으러 대구에서 서울까지 가는 셈이다. 차비도 차비지만 이건 너무 비효율적이다. 그러니 반드시 가까운 은행에서 통장을 만들어야 한다.

종신 보험, 의료 실비 보험, 연금 저축, 적립식 펀드, 비과세 통장, 마이너스 통장…. 대한민국에 살면서 재테크에 큰 관심을 두지 않아도 한두 개쯤은 갖고 있을 금융 상품들이다. 그런데 콜롬비아 사람들은 재테크를 어떻게 할까? 갑자기 궁금해졌다. 그렇지, 마을에서 금 좀 만진다는 페르난도라면 나름대로 재테크에 일가견이 있을 거야. 마침 페르난도는 앞마당에서 일을 하고 있었다.

"난도Nando!"(페르난도!)

"올라, 리!"(안녕, 리!)

금을 돈으로 바꾸면 어느 은행에서 어떤 상품으로 재테크를 하느냐고 물었더니 페르난도는 간단하게 대답했다.

"아 미 노 메 구스타A mi no me gusta."(난 그런 거 안 좋아해.)

그렇다. 40대 중반의 나이, 대학 입학을 앞둔 큰딸을 포함해 4남매의 아버지인 페르난도는 은행에 가지 않는다. 페르난도의 동생 하롤도 은행 통장은 만들어본 적이 없다고 했다. 페르난도는 '내 돈을 왜 다른 곳에 맡기냐?'는 이유이고, 하롤은 '예금은 고사하고 내가 쓸 돈도 없다'는 이유였다. 물론 누비아 선생님처럼 학교나 국가기관에서 일하는 사람들은 월급을 통장으로 받지만 다른 금융 상품을 잘 이용하지는 않는다. 전기 요금이나 수도 요금은 은행에서 납부하지 않느냐고? 전기 요금은 전기 회사 마을 출장소에, 수도 요금은 물 관리국에 직접 내니 은행 갈 일이 없다. 자동이체나 스마트 뱅킹은 지구 반대편 이야기인 셈이다.

"소영아, 수도세 좀 내고 올래?"

"엄마, 이달에 수도세 얼마 나왔어?"

"2만 8000페소 정도 나왔네. 자 여기 3만 페소.
잔돈은 심부름값으로 해."

"고마워, 엄마. 갔다 올게. 광장 옆에 2-23 맞지?"

돈은 돌아야 '돈'이 된다. 돈을 돌게 만드는 역할을 하는 게 은행이고 돈을 더 잘 돌게 만들기 위해서 고안한 것이 여러 가지 금융 상품이다. 일반적으로 선진국일수록 금융 상품이 다양하고 복잡하다. 심지어는 실체도 없는 지수를 대상으로 투자하기까지에 이르렀는데, 파생 상품이 바로 그것이다. 미리 정한 가격으로 특정 자산을 살 수 있는 권리인 콜옵션…. 아! 머리 아프다. 말하는 나도 사실 잘 모르겠다. 아무튼 이러한 파생 상품은 잘못 운용하면 큰 재앙으로 돌아오기도 하는데, 미국의 거대 투자은행인 JP모건의 다이먼 회장이 파생 상품 거래로 20억 달러 손실을 봤다고 청문회에서 밝힌 적이 있다. 정확히 "dead wrong"이란 표현을 썼다. '완전 잘못했다'는 뜻인데 내 귀엔 '죽어도 마땅할 잘못을 저질렀다'는 말로 들린다. 그렇다면 선진국의 최첨단 금융 기법은 사람들을 과연 행복하게 만들어줄까?

최근 우리나라 금융 회사들이 노후 대비를 위해 적어도 수억 원은 필요하다며 공격적인 마케팅을 펼치고 있는데, 나 같은 경우 보험 회사 직원이 산출해준 노후 자금을 마련하려면 매월 버는 수익 대부분을 바쳐야만 한다. 여행이나 외식은 꿈도 못 꾼다. 간단히 말해 불확실한 미래의 위험에 대비해 현재의 행복을 희생해야 한다는 것이다.

순간의 합이 삶일 텐데, 단지 해피엔딩을 위해서 현재를 담보하는 것이 현명한 일인가? 아름다운 지중해에서 개인의 일상과 현재의 행복을 소중히 여기며 살아가는 『그리스인 조르바』의 이야기가 감동적인 이유도 여기에 있다. 조르바는 지금 당장 행복한 것보다 중요한 것은 없다고 말한다. 물론 노후 자금을 마련하기 위해 재테크를 하는 것은 중요하다. 하지만 분명한 것은 노년은 행복한 삶의 일부분이며 노후 자금 마련 또한 노후 대비의 일부분일 뿐 전부는 아니라는 점이다.

페르난도를 보면 조르바가 연상된다. 돈이 필요하면 벽 틈에 모아둔 사금을 꺼내서 바꿔 쓰고 다 떨어지면 강에 가서 사금을 캐 채워둔다. 해가 지면 마을 광장에서 지는 노을을 바라보며 띤또 한 잔을 마시고 친구들과 어울려 당구를 치고 논다. 맥주 한 병 들고 가족들과 축구 중계를 보는 것 또한 큰 즐거움 중 하나다.

현실을 모르는 이방인의 어설픈 낭만주의일까. 나도 얼마 전까지 신문의 재테크면을 스크랩해가며 열심히 읽던 사람이다. 그런데 돈 한 푼 벌지 않는 지금 이 순간이 더 행복하다.

불안하지 않냐고? 불안은 상대적인 비교에서 나온다. 나와 비슷한 내 이웃이 주식으로 돈을 더 벌고, 적금 하나 더 들고, 아이 과외 하나 더 시킬 때 불안한 것이다. 적어도 지금 이 순간 내가 비교할 수 있는 이웃은 대한민국 강남 아줌마가 아니라 콜롬비아 커피 마을의 페르난도다. 이 마을 어느 누구도 통장이 없다고 불안해하지 않는다.

일주일 후 또 은행을 찾아갔다. 통장 개설 신청서를 낸 지 3주가 지난 셈이다. 오늘 통장을 받지 못하면 그냥 몇 시간이 걸리더라도 버스를 타고 씨티은행으로 갈 것이다. 긴 줄 끝에 서서 기다린 후에야 담당자가 오후에 출근한다는 이야기를 들을 수 있었다. 점심을 먹고 다시 은행으로 갔다. 푸른 눈의 담당자는 한없이 여유로운 표정으로 계좌 번호와 현금카드 하나를 만들어주었다. 외국인이라 오래 걸렸다면서. 그런데 왜 통장은 주지 않았을까? 잔액 정리하는 재미도 쏠쏠한데.

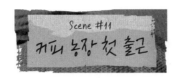

첫 출근길은 늘 설렌다.

참 여러 직업을 거쳤지만 일하러 가는 첫날은 언제나 긴장된다. 남들은 '커피' 하면 에스프레소를 내리는 바리스타Barista나 맛을 평가하는 커퍼Cupper, 원두의 품질을 판단하는 큐 그레이더Q Grader처럼 폼 나는 일을 배우려고 하는데 난 왜 농사에 더 관심이 가는지 모르겠다. 아무튼 오늘은 커피 농장 농부로 첫 출근을 한다.

회색 반팔 티셔츠에 청바지, 파란색 토시와 동그란 챙이 달린 모자까지 갖추고 나니 제법 콜롬비아 커피 농부 티가 났다. 여기에 빠질 수 없는 것이 바로 장화다. 비탈진 커피밭에서 미끄러지는 것을 방지하기 위해서다. 우기에도 반드시 필요한 물품이다. 우리나라에서 젊은 여성들이 즐겨 신는 '레인부츠'는 아니지만 디자인이 썩 마음에 들었다. 까만색 고무에 바닥은 밝은 황토색인데 언뜻 보면 배트맨이 신는 검은색 부츠 같다. 말편자 모양(Ω)의 로고가 달렸는데 콜롬비아에서는 나름 인기 있는 신발 브랜드이다. 신어보니 마치 수제화처럼 발에 딱 맞고 편하다. 보통 각 마을마다 코미테 델 카페Comité del Café라는 곳이 있는데 커피 농사에 관련된 다양한 도구를 판다. 물론 장화도 판다.

이른 아침이면 이곳 부에나비스타 마을은 장관을 이룬다. 워낙 높은 산골 마을이라서 발아래로 구름과 안개가 뒤섞인 드넓은 바다가 만들어지기 때문이다. 커피 농장 출근길이 이 정도는 되어야 하지 않을까?

"부에노스 디아스, 비엔베니도Buenos días, bienvenido."(좋은 아침, 어서 오게.)
농장주인 리카르도가 반갑게 맞이해주었다. 함께 일할 농부들도 소개해주었는데 마을에서 몇 번 인사를 나눈 얼굴도 보였다. 인부들은 보통 한 농장에서 일정 기간 동안 일하는데 출퇴근하기도 하고 농장에서 숙식하기도 한다. 오늘은 일용직까지 열 명 정도가 모였다. 인사를 나눈 우리들은 리카르도를 따라 비탈진 커피밭으로 내려갔다. 내려가는 길에 커피 농부 선배가 손을 뻗어 망고를 하나 따 준다. 맛있다!
커피를 심을까? 커피 열매를 딸까? 아니면 말리는 작업을 할까? 은근한 기대로 들떠 이동하는데 한 선배가 허리춤에 찬 라디오에서 라틴음악이 흘러나왔다. 이따금 지지직거리며 끊어졌지만 흥겨운 리듬이 몸과 마음을 가볍게 만들어주었다. 근데 작업 도구가 하나도 없다. 맨손으로 하는 일이라, 불길한데….
"리, 뱅가Lee, venga!"(리, 이리 와!)
리카르도가 나를 부르더니 커다란 플라타노 더미를 어깨 위에 올려주었다. 20킬로그램짜리 쌀 포대보다 더 무거웠다. 이걸 지고, 내려온 만큼 농장 입구까지 올라가야 한다. 송골송골 이슬같이 맺히던 땀방울이 한두 방울 떨어지기 시작했다. 가파른 내리막은 가파른 오르막으로 변했다. 망고 나무를 다시 지나갈 때쯤 땀은 비 오듯 쏟아졌다. 뺨으로 흘러내리던 땀방울이 길을 이탈하여 눈썹을 타고 눈으로 흘러들었다. 소금기 때문에 따끔거렸지만 닦을 수 없었다. 어깨에 짊어진 플라타노

콜롬비아에서 커피가 자라는
곳이라면 어디에나 있는 가게.
이곳에는 커피 농사를 짓는데 필요한
모든 것이 준비되어 있다.

초보 커피 농부의 이마에서는
땀이 흘러내리고,
선배 커피 농부의 허리춤에서는
라틴음악이 흘러나오고.

더미를 내리면 혼자 다시 올리기 힘들기 때문이다. 눈만 껌벅껌벅하며 계속 올라갔다. 그렇게 몇 번을 오르내렸을까? 눈치만 보다가 선배들이 띤또를 마시며 쉬는 시간에 나도 나무 그늘에 주저앉아 한숨 돌렸다. 하얀 커피꽃이 바람에 흔들리는데 넋 놓고 보고 있자니 현기증이 났다. 땀을 너무 흘린 모양이었다.

주머니에서 휴대전화 소리가 울렸다. 아내였다. 일은 어떤지 궁금했던 모양이다.

"오늘 일당은 준대?"

"글쎄, 지난번에 돈 말고 과일로 받기로 했는데 모르겠네."

"돈 주면 돈으로 받아!"

우리 집 내무부 장관은 역시 단호하다. 휴식은 잠시, 커피나무는 만져보지도 못하고 하루 종일 플라타노만 날라야 했다. 눈, 어깨, 다리 어디 하나 아프지 않은 곳이 없었지만 왠지 기분은 좋았다.

해가 기울어 커피나무의 그림자가 길게 늘어졌다. 집으로 돌아가기 전 농장에서 마시는 커피 한 잔. 땀을 닦고 거친 숨을 고른 뒤 한 모금을 넘겼다. 하루 종일 햇볕을 머금었다가 뿜어내는 커피꽃 향기가 커피와 함께 느껴졌다. 커피가 입안을 적시고 식도를 지나 위에 다다를 때 커피의 향은 코끝을 타고 들어와 나의 폐를 가득 채웠다. 온몸이 콜롬비아 커피로 젖고 있었다.

리카르도가 옥상에 말려둔 속껍질이 붙어 있는 '파치먼트 커피Parchement coffee'와 방금 딴 과일을 가져왔다. 파치먼트 커피는 탈곡장에서 탈곡해야 하지만 우리 가족은 일일이 손으로 껍질을 벗겨낸다. 해가 지고 식탁에 옹기종기 모여 앉아서 커피 껍질을 까기 시작하면 정말 멈출 수

없다. 스마트폰이나 컴퓨터 게임 같은 놀 거리가 없으니 아이들이 이런 것에도 재미를 붙이는 것 같다. 껍질을 까면서 가족끼리 수다를 떨고 종종 스페인어 단어를 외우기도 한다. 가끔 끝말잇기 게임도 하는데 시간 가는 줄도 모르고 이어진다. 손으로 커피 껍질을 까는 자칭 핸드 탈곡은 우리 가족의 첫 번째 취미가 되었다.

커피 농부의 퇴근길. 한 손에는 과일을 한 손에는 파치먼트 커피를 든 초보 커피 농부의 발걸음이 가볍다.

"여보, 애들아~ 아빠 퇴근했다. 저녁 먹고 커피 껍질 까자."

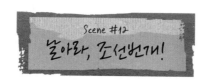

Scene #12
날아라, 조선번개!

"부아아앙~"

축구화 신발 끈을 묶고 있는데 집 앞 골목길로 쏜살같이 달려가는 생명체. 어찌나 빠른지 가끔은 달리는 발이 보이지 않을 정도다. 오늘은 산골 마을 부에나비스타에서 빅매치가 열리는 날이다. 아르메니아 소속 축구 클럽 팀은 객관적으로 우리 마을 클럽 팀보다 전력이 강하다. 하지만 홈경기이니 만큼…. "부아아앙~" 또 그 녀석이다. 이번엔 반대 방향으로 지그재그를 그리며 뛰어간다. 역시 빠르다. 조그맣고 귀여운 그 생명체의 이름은 '조선번개'다. 걸음마를 배우기 전에 어찌나 빠르게 방바닥을 기어 다니던지 신기하기도 하고 귀엽기도 해서 할머니가 붙여준 정호의 별명이다. "부아아앙~" 경기에 참가하는 아빠보다 경기를 구경하는 조선번개가 더 신이 났다.

부에나비스타의 축구장은 그야말로 절경이다. 해발 1,500미터의 산등성이를 깎아서 만든 하늘 아래 축구장. 관리를 안 해서 잔디가 길게 자랐고 군데군데 잡초도 있지만 흙바닥이나 인조 잔디 구장에서 행여 다칠까 몸을 사리며 공을 차야 하는 우리나라 조기 축구팀에 비하면 여기 사람들은 가히 천국에서 축구를 즐긴다고 할 수 있다. 그동안 마을 축구팀 경기에서 대한민국 축구의 매서운 맛을 보여준 등 번호 11번 이재선! 드디어 오늘은 선발 출장이다.

경기에 앞서 선수 겸 감독인 루이스가 작전을 지시했다. 빠르게 말하는 스페인어를 다 알아듣기는 불가능했다. 박지성 선수도 처음엔 퍼거슨 감독의 작전 지시를 듣고 무슨 말인지 모르면서도 고개를 끄덕였다고 실토하지 않았나. 축구는 세계 공용어니까 말이 필요 없다.

"리, 센트로Lee, centro!"(리, 중앙으로!)

훗, 그 정도는 알아듣는다. 중앙 미드필더다. 4-3-3에서 중앙 미드필더는 전후좌우로 뛰어다녀야 하기 때문에 엄청난 체력이 필요하다. 조

선번개 아빠니까 달리기는 자신 있는데 체력이 문제다. 여기는 고산 지역이 아닌가.

전반전이 겨우 절반 정도 지났을 뿐인데 벌써 숨이 가빠오기 시작했다. 한국에서는 전후반 풀타임을 소화했건만 역시 고도 적응은 힘들다. 상대의 빠른 공격에 미처 수비 가담을 못 하고 숨을 고르고 있는데 윌리암이 공을 빼앗았다. 반대편 진영에 처져 있던 노란색 유니폼은 나밖에 없었으므로 윌리암은 주저 없이 내게 길게 패스했다. 이젠 기술이고 뭐고 없다. 무조건 치고 나가자. 그런데 내 스피드가 떨어지고 있었다. 앞에서 달려드는 수비수는 두 명. 드리블보다는 패스를 해야 한다. 우리 편 윙어에게 연결하는 순간, 왼쪽 정강이에 심한 통증이 오

면서 넘어지고 말았다. 상대의 깊은 태클. 순간 경기장 분위기는 험악
해졌다. 흥분한 우리 팀 선수들이 상대 팀을 밀어붙이며 소리를 질렀
다. 다른 도시 클럽과 경기할 때는 사소한 실책이나 반칙에도 곧잘 시
비가 붙는다. 그렇다. 이곳은 콜롬비아. 그리고 떠오르는 이름, 안드레
아 에스코바르Andrea Escobar.

1994년 미국 월드컵. 당시 콜롬비아는 남미 지역 예선에서 강호 아르
헨티나에 맞서 홈에서 2대 1로 이기고 원정에서 무려 5대 0이라는 점
수로 압도적 승리를 거뒀다. 1990년 이탈리아 월드컵에서 사상 최초로
팀을 16강에 올린 마투라나Maturana 감독의 용병술은 세계 최고 수준으
로 평가받고 있었다. 하지만 예선 1차전에서 콜롬비아는 루마니아에 1
대 3으로 패했다. 그리고 미국과의 운명의 2차전. 수비수 안드레아 에
스코바르는 힘없이 넘어오는 땅볼 크로싱을 걷어낸다는 것이 그만 자
기편 골대로 밀어 넣어 자살골을 만들고 말았다. 이 자살골은 미국의
선취점이 되었고, 콜롬비아는 최약체로 평가받던 미국에게 1대 2로 져
예선에서 탈락하고 말았다. 국민들은 분노했고 콜롬비아 마약 조직인
'메데인 카르텔Medellín Cartel'은 선수들이 귀국하는 대로 살해하겠다고
협박했다. 마투라나 감독은 다른 나라로 망명해버렸고 참회의 귀국을
결정한 에스코바르는 며칠 후 고향 메데인Medellín의 술집에서 괴한의
총에 맞아 숨졌다.

다시 찾아온 기회. 좌측 빈 공간을 보고 달리던 내게 반대편에서 크로
스가 올라왔다. 조금 길었지만 상대 수비수보다 반걸음 먼저 달려들었
고 문전으로 침투하던 윌리암에게 간신히 센터링을 올렸다. 공은 운
좋게도 윌리암의 머리로 향했고 윌리암은 침착하게 골로 연결했다. 선

수들이 서로 얼싸안고 축하하는 동안 나는 관중석을 바라보았다. 멀리서 조선번개가 내가 있는 골라인 근처로 부리나케 달려오는 것이 보였다. 평소 골보다 어시스트가 더 가치 있다고 가르쳤던 나였다. 번쩍 안아서 공중에서 한 바퀴 돌리고는 조선번개를 내려주는 순간 아들의 신발코가 눈에 들어왔다. 얼마나 오래 신었을까? 낡은 찍찍이 운동화는 앞쪽이 찢어져 구멍이 나 있었다. 순간 눈물이 핑 돌았다.

급격히 체력이 떨어진 나를 대신해서 후반전에는 디에고가 출장하기로 했다. 상대편은 하프타임 때 작전을 바꾸었는지 후반 들어 내리 세 골을 넣었다. 이대로 가면 역전패다. 하지만 경기 결과보다 조선번개의 구멍 난 신발이 계속 마음에 걸렸다.

'자라는 아이에게 결핍은 좋은 스승이다.'

적어도 나는 그렇게 믿고 있다. 하지만 그럴듯한 문장 뒤에 숨은 경제적 결핍을 생각하면 마음이 무거워진다. 시립 극단을 그만두고 콜롬비아로 건너온 후부터 나는 사실상 실직자다. 모아둔 돈은 매일매일 샘솟는 화수분이 아니다. 커피 농장에서는 과일이나 곡식으로 일당을 받아 오기 때문에 적어도 1년 동안은 아끼고 아껴야 한다. 특히 아이 신발은 넉넉한 크기로 사야 오래 신는다. 그런데 축구화는 절대로 크면안 된다. 정호의 새 축구화는 가계경제 집행 목록에서 1순위가 아닌 것이다. 아이가 내 곁에 와서 털썩 주저앉고는 신발을 만지작거렸다.

"아빠, 공 찰 때 발가락이 아파."

"축구공은 발가락으로 차는 게 아니라 발등으로 차는 거야"

정호의 구멍 난 신발을 벗겨서 주물러주는데 울컥했다. 꾹 참고 말을 이어갔다.

"정호야, 메시 알지?"

"축구 잘하는 키 작은 아저씨!"

"그래, 그 메시도 어릴 때 구멍 난 신발을 신고 연습했단다. 매일 구멍 난 신발을 신고 연습하다가 나중에 축구화 신으면 어떻게 되겠어? 완전 날아다닌 거야. 더 빨라지고 공도 더 잘 차게 된 거지."

"진짜?"

"아빠가 거짓말하겠냐?"

사실 메시가 어린 시절 구멍 난 신발로 혹독하게 훈련한 이야기는 사람들에게 잘 알려져 있지 않다. 왜냐하면 방금 내가 지어냈으니까.

"아빠, 나 발 하나도 안 아파!"

정호는 다시 신발을 신더니 기운차게 달려갔다. 곁에 있던 아내도 한동안 말이 없었다. 경기는 그대로 끝났다. 5대 3 역전패. 하지만 정호에게만큼은 역전승을 안겨주어야 한다. 내 마음을 읽었을까? 엉덩이를 털며 일어나는 내게 아내가 한마디 했다.

"내일 축구화 사러 가자."

부에나비스타에는 신발 가게가 없다. 학기 초가 되면 동네 슈퍼에 몇 켤레가 들어오는데 서둘러 사지 않으면 맞는 치수를 사기 힘들다. 지금은 슬리퍼만 남아 있을 뿐 축구화는커녕 운동화조차 기대를 말아야 한다. 아르메니아행 버스를 탈 때부터 정호는 신바람이 났다. 센트로는 몇 번 와봤지만 아직도 길을 잘 모른다. 하지만 스포츠용품 가게는 쉽게 찾을 수 있었다.

조선번개는 선명한 초록색 축구화를 골랐다. GOLTY! 처음 보는 브랜드였다. 골티라…. 발음해봐도 세련된 느낌은 없었다. 떨떠름한 내 표정을 읽었는지 점원은 정색하며 콜롬비아의 자존심이 담겨 있는 자국의 축구용품 전문 브랜드라고 소개해주었다. 정호는 벌써 새 신발을 신고 좋아서 어쩔 줄 몰라 했다. 기분 좋게 7만 페소를 건네고 나왔다.

처음 한두 달은 유소년 축구 수업이 있는지도 몰랐다. 축구 선생님인 리치 고메즈를 광장에서 몇 번 보긴 했지만 그냥 체육 담당인 줄만 알았다. 그런데 어느 날 소영이 친구 나탈리아가 사촌오빠 리치는 일주일에 세 번 축구도 가르치니 정호를 보내보는 게 어떻겠냐고 한 것이다.

축구 선생님인 리치는 킨디오 대학에서 체육을 전공했는데 나라에서 주는 소정의 시급을 받고 아이들을 가르치고 있었다. 수업은 나이별로 그룹을 나누어 진행되었는데 우리나라 유아 체육 수업에서 흔히 볼 수 있는 흥미 유발이나 놀이 위주의 프로그램은 많지 않았다. 이곳 아이들 열에 아홉은 장래 희망이 프로 축구 선수이니 굳이 동기 유발을 할 필요가 없는 것이다. 대신 체력 훈련과 기술 훈련이 두 시간 동안 쉬지 않고 진행되는데 수업 내용이 상당히 짜임새 있었다.

정호는 아직 스페인어를 잘 알아듣지 못하기 때문에 수업 시간에는 내가 통역을 해주어야만 한다. 달리기를 한 후 모두 모였을 때 리치가 다음 훈련 내용과 방법을 설명해주었다. 정호도 귀를 쫑긋 세우고 열심히 들었다.

"선생님이 뭐래?"

"으응… 앞사람 보고 따라 해."

아빠 체면이 여지없이 무너지는 순간이었다.

몇 주 뒤 드디어 등 번호 10번을 단 한국의 조선번개와 콜롬비아의 축구 꿈나무들이 미니 축구 시합을 벌였다. 유니폼을 잡아채는 남미의 거친 축구를 이겨내고 마침내 조선번개가 한 골을 넣었다. 엄지손가락

몸은 머리보다 더 오래
기억합니다. 정호는
구멍 난 운동화를 신어봤기에
새 축구화의 가벼움을 압니다.

을 올려 드는 멋진 골 세리머니!

전반전이 끝난 후 조선번개가 내게로 달려왔다. 정호의 환한 얼굴보다 반짝반짝 윤이 나는 초록색 축구화가 더 눈에 들어왔다.

"아빠, 신발 끈이 풀렸어."

어지간히도 열심히 달린 모양이었다. 찍찍이 신발에서 끈으로 묶는 운동화를 신는다는 것은 성장의 첫 관문을 통과하는 것과 같다. 어릴 적 시장에서 처음으로 끈 묶는 신발을 샀을 때, 어머니께서는 버스 뒷자리에 나를 앉히고는 한 줄만 당기면 신발 끈이 쏙 풀리도록 매듭을 묶는 방법을 가르쳐주셨다. 풀고 묶고 풀고 묶고…. 마침내 성공하게 됐을 때 난 마치 어른이 다 된 것처럼 뿌듯했다. 고사리 같은 정호 손으로 아직 신발 끈을 묶는 것은 무리다. 그러나 머지않아 정호도 나와 똑같이 신발 끈을 묶는데 성공하고 그 뿌듯함을 느끼리라.

리치 선생님의 호루라기 소리가 들리자 정호는 다시 쏜살같이 달려갔다. 멀리 하늘 위로 콘도르 한 마리가 날아가는 것이 보였다.

날아라, 조선번개!

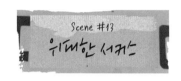

Scene #13
위대한 서커스

사전은 두껍다.

두꺼울 뿐만 아니라 글씨가 깨알 같아서 단어를 찾아보려면 여간 불편한 것이 아니다. 게다가 재미도 없다. 세상에 사전 넘기며 숙제하는 걸 재미있어할 사람이 어디 있을까?

"아빠, 공부가 재밌어요."

분명 내 딸이 맞는데 희한하다. 공책에 스페인어를 한 자 한 자 정성껏 눌러쓰는 소영이를 보면 절로 입가에 웃음이 번진다. 학교 숙제도 이제는 아빠 도움 없이 곧잘 해낸다. 나날이 유창해지는 스페인어 실력에 '우리 딸 상 줘야겠네?' 하고 독서대를 만들어주었다. 사전이란 녀석은 눕혀두면 좀처럼 단어를 잘 보여주지 않는다. 아니 어쩌면 녀석이 사람을 가리는 것일지도 모른다.

아무튼 사전과 친하지 않은 아빠가 사전을 좋아하는 딸에게 만들어준 독서대는 100퍼센트 '재활용' 작품이다. 자투리 나무에 못질을 하고 헌 칫솔 자루로 홀더를 만들었다. 볼품없는 모양새 때문에 살짝 걱정했는데 아빠는 능력자라면서 볼에 뽀뽀를 해주는 소영이. 어찌 사랑스럽지 않겠는가.

문득 소영이 일기장이 궁금해졌다. 아무리 부모라도 자식의 일기는 보지 않는 것이 바람직하지만 이곳 콜롬비아 생활에 잘 적응하고 있는지 확인하는 차원에서 딱 한 번만 보기로 한다.

오늘은 인라인스케이트 수업에서 새로운 것을 했다. 뭐냐면, 인라인스케이트를 신기 전에 teleferico(마을 뒷산에 있는 케이블카)까지도 갔다 왔고, 우리 집을 지나서 밑으로도 갔고, 축구장 밑으로까지 뛰어갔다. 힘들었지만 재밌었다. 그리고 오늘 인라인스케이트 수업에서 게임을 했다. 하지만 누가 내 뒤에서 밀어서 내가 넘어졌다. 그래서 내가 꼴지가 되었다. 너무 억울했다. 하지만 다시 원래 자리로 되돌아왔다. 그리고 Nathalia가 컴퓨터 숙제를 가르쳐달라고 해서 나랑 Nathalia랑 우리 집에 가서 내 공책을 빌려주었다. 이제 또 금방 에어로빅 수업 시간이 되었다. 오늘 에어로빅은 저번보다 음악이 빨라서 조금 힘들었다. 하지만 역시나 재밌었다. 그리고 맛있는 볶음밥을 먹고 폭신한 침대에서 잠을 잤다.

이 정도면 글씨도 예쁘게 잘 썼고 내용도 충실하다. '꼴찌'를 '꼴지'로 잘못 쓴 것 말고는 괜찮지 않은가. 몰래 다시 책꽂이에 일기장을 꽂아두는데 밖에서 요란한 소리가 들렸다.

"시르코~ 시르코~"

시르코? 뭐지? 일요일 오전 내내 마을을 몇 바퀴 돌면서 광고를 하고 있는데 무슨 내용인지 알 수가 없었다. 창밖으로 목을 빼서 보니 파란색 밴이 확성기를 머리에 얹고 언덕을 오르고 있었다. 사륜 구동 차체에는 흰색 글씨가 선명히 찍혀 있었다.

CIRCO

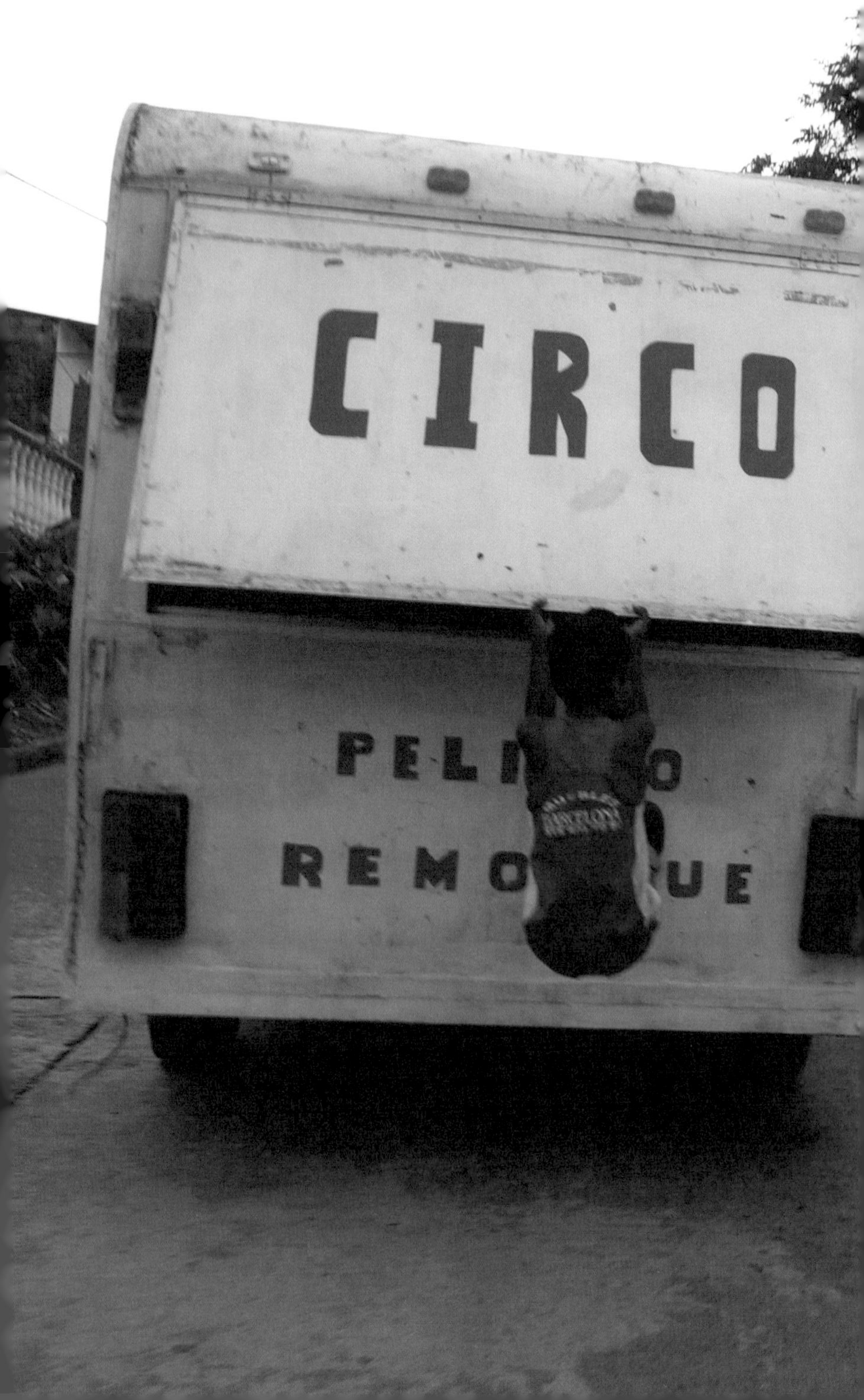
CIRCO

"아빠, 서커스다!"

사전을 찾아보던 소영이가 소리쳤다. 하던 숙제를 내팽개치고 밖으로 달려 나가더니 서커스 할인 티켓을 받아 왔다. 역시 내 딸이다.

조선인 동춘 박동수는 일본 서커스 단원이었다. 나라를 뺏긴 설움은 서커스단이라고 다르진 않았을 것이다. 총 들고 목숨 걸고 독립운동 하는 것만이 나라를 사랑하는 유일한 방법은 아니라고 생각한 동춘은 1925년 조선인 30명을 모아서 우리나라 최초의 서커스단인 '동춘서커스단'을 창단한다. 그리고 2년 후에 전남 목포에서 역사적인 첫 공연을 선보이게 된다. 1960년대에는 소속 단원이 무려 250명이나 될 정도로 호황을 누렸다. 허장강, 서영춘, 배삼룡, 남철, 남성남, 정훈희 등 그 시절 최고의 코미디언, 가수, 배우 들이 동춘서커스단에서 배출되었다. 전 세계적으로 1조 원대 연 매출을 벌어들이는 태양의 서커스와는 비교가 되지 않겠지만 동춘서커스단은 지금도 활발히 공연을 펼치고 있다. 과연 남미 커피 마을에서 펼쳐지는 서커스는 어떨까?

위대한 서커스El Gran Circo의 가설무대는 마을 실내 체육관에 세워졌다. 무대라고 할 것도 없이 그냥 맨바닥에 파란색 가림막을 설치해둔 게 전부였다. 입장권은 할인 티켓을 내고 1,000페소. 그런데 들어오는 손님들 대부분이 할인 티켓을 갖고 있었다. 동양인이라고 우리만 특별 혜택을 받은 것이 아니라 그냥 홍보 전단지였던 모양이다.

입구에는 서커스 단원들이 손수레 가득 주전부리를 팔고 있었다. 시럽을 바른 사과 꼬치와 소금을 뿌린 망고, 팝콘이 먹음직스럽게 보였는데 값은 입장료와 같은 1,000페소였다. 입장료보다는 과자 판매에서 더 많은 수입을 거둘 모양이었다.

공연이 시작됐다. 첫 공연은 음… 과자 판매였다. 볼을 빨갛게 물들이고 코끝은 까맣게 아랫입술은 하얗게 꾸민 광대가 과자 봉지를 들고 나타났다. 공연장을 한 바퀴 다 돌 때쯤 젊은 연기자가 무대 중앙으로 등장했다. 천장에 드리워진 푸른 천을 손에 감고 심호흡을 한 번 하더니 스태프들에게 눈짓으로 신호를 주었다. 스태프들이 도르래로 연결된 천을 잡아당기니 연기자는 수직으로 상승하면서 몇 가지 자세를 보여주었다. 당기는 스태프도 매달린 연기자도 얼굴엔 힘든 기색이 역력했다. 이제 시작인가 싶었는데 금방 내려오더니 서둘러 감긴 천을 풀고는 과자 봉지를 들었다. 그 젊은 연기자는 공중 곡예보다 과자 판매를 훨씬 더 잘했다.

다음으로 노란 머리 광대가 아이들을 불러내서 게임을 했다. 속사포 같은 말을 내뱉으며 30분 정도 진행했다. 아이들은 무지 웃긴 모양인데 우리는 도무지 알아들을 수 없었다. 연이어 입구에서 과자를 팔던 단원이 링을 잡고 공중으로 올라가더니 역시 금방 내려와 다시 과자를 팔았다. 또 다른 여자 단원이 훌라후프 몇 개를 손으로 허리로 발로 돌리더니 서둘러 팝콘을 팔러 돌아갔다. 이번에는 어린 광대 둘이 호루라기를 불며 마임 연기를 했는데 이 장면에서는 어느 누구도 웃지 않았다.

드디어 이 공연의 하이라이트. 조금 전까지 손수레 아래에서 사과에 시럽을 바르며 열심히 꼬치를 끼우던 남자. 이 서커스단 대표이자 홍보 차량을 끄는 운전기사인 노란 머리 광대가 새하얀 셔츠를 입고 칼을 몇 자루 든 채 나타났다. 그와 함께 손수레에서 팝콘을 만들며 열심히 과자를 팔던, 서커스단 대표의 아내이자 링 공연 연기자가 똑같이 새하얀 셔츠를 입고 새파란 나무 판자에 기대섰다. 거리는 3미터 정도. 칼을 던질 때마다 부에나비스타 마을 사람들의 반응은 폭발적이었다. 예상했겠지만 이제 관객 중 한 사람을 불러내는 시간이 다가왔다. 칼을 맞을지도 모르는데 지원자가 있을 리 없다. 모두가 극단 대표와 눈길을 마주치지 않으려고 하는데 어디선가 들려오는 소리.

"리!"

그 소리는 점점 리듬을 타고 합창으로 울려 퍼졌다.

"리! 리! 리!"

마을 사람들 모두 하나같이 내 이름을 부르며 박수를 쳤다. 무대 앞으로 나가는데 가슴이 두근거렸다. 날아오는 칼이 무서워서가 아니라 오랜만에 무대에 선다는 설렘 때문이었다. 모든 사람이 무대를 바라보고, 나는 그 위에서 연기를 한다. 또 다른 내가 되는 순간. 몇 분 몇 초에 불과하더라도, 그 역할이 스쳐 지나가는 단역에 불과하더라도, 그 순간만큼은 내가 주인공이다.

칼이 날아들 때마다 나는 광대가 되었다. 내 표정은 영락없이 무서워 벌벌 떨다가 안도하는 광대였고 연기자였다. 이미 객석에서 구경하던 나를 잊은 지 오래. 그 순간만큼은 위대한 서커스 단원 이재선이었다. 이제 필살의 마무리가 남았다. 관객들은 예상하지 못한 타이밍에 나오는 기술에 열광한다. 우레와 같은 박수를 받으며 자리로 돌아올 때 멋지게 텀블링을 했다. 아무도 기대하지 않았던 동양인 남자의 공연은 마을 실내 체육관을 뜨겁게 달구었다. 머리부터 발끝까지 엔도르핀이 돌았다.

천생 나는 연기자다. 지구 반대편에 있어도.

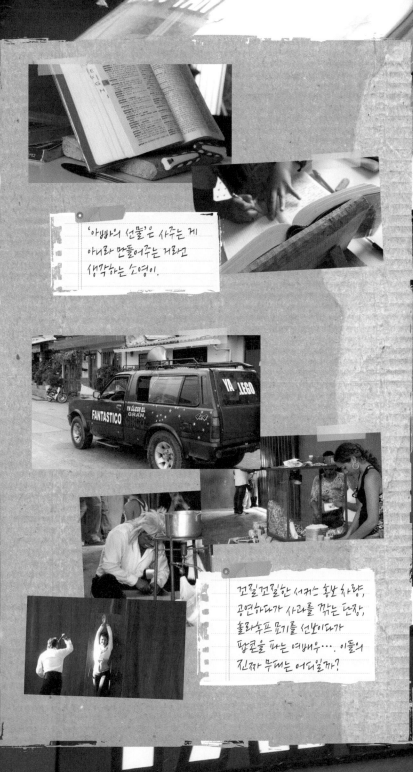

'아빠의 선물'은 사주는 게
아니라 만들어주는 거라고
생각하는 소영이.

꼬질꼬질한 서커스 홍보 차량,
공연하다가 사과를 깎는 단장,
훌라후프 묘기를 선보이다가
팝콘을 파는 여배우…. 이들의
진짜 무대는 어디일까?

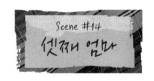

방 안 가득 긴장감이 돌았다. 가족들의 눈빛은 그 어느 때보다 진지하고 도전적이었다. 규칙은 세 가지. 반칙하기 없기, 양심적으로 입 벌리기, 지더라도 울기 없기. 모두가 침대에 동그랗게 모여 앉아 가운데 놓인 작은 목표물을 노려보았다. 드디어 경기 시작.

"가위 바위 보."

"오, 예스!"

혼자만 가위를 낸 소영이가 제일 먼저 환호성을 질렀다. 떨리는 손으로 목표물의 포장을 뜯었다. 달콤하고 부드러워 보이는 초코 과자가 고귀한 자태를 드러냈다. 소영이가 먼저 냄새를 음미하고는 가족들 눈앞에 크게 원을 그리며 초코 과자를 보여주었다. 나머지 세 사람의 시선은 마치 최면에라도 걸린 듯 소영이의 손끝을 따라갔다. 우리 집에 단 하나 남은 한국 과자, 오예스가 오늘의 상품이다.

소영이가 양심상 4분의 1 정도를 베어 먹고는 다시 가운데에 놓았다. 한국에서는 박스째 사두고 먹던 과자들. 잘 있느냐 칸쵸야, 보고 싶다 새우깡아, 우유와 함께하던 죠리퐁아, 그리운 양파링아. 내 귀한 줄 모르고 너희를 함부로 대했던 건방진 과거를 반성한다.

"가위 바위 보."

"오, 예스!"

또 혼자만 가위를 낸 소영이가 환호성을 질렀다. 이럴 땐 대쪽 같은 일관성이 무지하게 원망스럽다. 이제 절반 정도 남았다. 세 번째 승리자는 콜롬비아에서 모니카로 불리는 안주인 안정희 씨. 아내의 입은 크지만 엄마의 입은 작은지, 아이들을 위해 아주 조금만 베어 먹었다. 하지만 남편의 입과 아빠의 입은 무자비한 악어 입이다. 각오해라 가족들아! 마지막이 될지도 모르는 한 판. 두 여자는 가위를 냈고 두 남자는 바위를 냈다. 남자들의 양보 없는 결승전.

"가위 바위 보."

"오, 예스!"

보를 낸 나는 회심의 미소를 지었고, 주먹을 낸 정호의 눈에는 눈물이 그렁그렁해졌다. 그러나 아무리 부자지간이라도 승부 앞에서는 냉정해야만 한다. '아들아, 서운해하지 마라. 오늘의 경험이 먼 훗날 너의 성장에 밑거름이 될 것이다.' 나는 입을 있는 대로 크게 벌렸다.

"잠깐!"

아내가 내 손을 저지하며 소리쳤다.

"비디오 판독 결과, 아빠의 손이 아들의 손보다 0.5초 늦었습니다. 이에 본 경기의 판정을 번복하고 아들의 승리를 선언합니다."

"무슨 소리야? 이게 무슨 올림픽도 아니고. 비디오가 어디 있어?"

"소영이 눈이 비디오야. 그렇지, 소영아?"

소영이는 빙그레 웃으며 고개를 끄덕였다. 정호는 눈에 눈물을 머금은 채 내게서 오예스를 빼앗아 맛있게 먹기 시작했다. 봉지를 입안에 탈탈 털고는 앉은 자리까지 샅샅이 뒤진 끝에 결국 손톱만 한 부스러기를 찾아냈다. 아쉬운 듯 한참을 바라보다가 천천히 음미하고는 엄지손가락을 치켜들었다. 귀여운 그 모습에 온 가족이 웃음보를 터트렸다. 그때 골목길에서 확성기 소리가 들렸다.

"마사모라~ 마사모라~"

이틀에 한 번씩 동네를 도는 오토바이. 노래 같기도 하고 중얼거리는 목소리 같기도 한 것이 어디선가 들어본 듯 낯익다. "계란이 왔습니다, 계란이 왔어요." 물론 마사모라Mazamorra는 계란이 아니다. 오늘은 오토바이가 우리 집 골목 앞까지 왔다. 목장에서 우유 담는 데 쓸 법한 큰 스테인리스 통이 네 개나 실려 있었다. 오예스 경기 '오심 심판'이 눈빛을 반짝이더니 지갑을 들고 나갔다. 요 며칠 궁금해하더니 드디어 먹어보기로 작정한 모양이었다. 윗집 아저씨가 웃통을 드러낸 채 냄비를 들고 마사모라를 사러 왔다. 아내도 곧 주방에서 코펠 냄비를 챙겨 왔다. 1,000페소를 내밀었더니 아저씨가 더 큰 냄비를 가져오라고 했다. 아내는 눈치가 빠르다. 그리 비싼 음식이 아니라는 것을 판단하고는 금세 가격을 절반으로 조정한다. 500페소면 200원 남짓이다. 그릇 가득 담아온 음식은 호박죽과 비슷했다. 아내는 우리 집의 음식 '큐 그레이더'인 막내에게 냄비를 내밀었다.

"안 뜨거워, 한번 먹어봐."

경계하던 정호가 냄비에 입을 대고 맛을 보았다. 식구들은 동시에 정호의 표정을 살폈다.

"어때?"

대답 대신 정호는 무덤덤한 표정으로 고개를 끄덕이고는 돌아섰다. 평가는 나왔다. 무덤덤한 표정은 달지도 짜지도 맵지도 않다는 뜻이고,

고개를 끄덕였다는 것은 엄마 아빠가 먹으라면 피하지는 않겠다는 뜻이고, 돌아섰다는 것은 적어도 배고플 때까지는 굳이 먹을 생각이 없다는 뜻이다. 아레파(Arepa: 옥수수 가루 반죽을 얇게 펴서 구운 전병)를 먹을 때 표정이 꼭 그랬다. 맛을 보니 호박죽이 아니라 옥수수 수프에 가까웠다. 경상도 말로 '니 맛도 내 맛도 없는 맛'. 심심한 맛이 막내 표정과 딱 들어맞았다. 역시 대단한 큐 그레이더!

하지만 아레파와 마사모라는 콜롬비아 음식과 궁합이 잘 맞는다. 이곳 음식은 포요 아사도(Pollo asado: 구운 닭고기), 카르네 데 바카 프리타(Carne de vaca frita: 소고기 튀김), 치차론(Chicharrón: 삼겹살 튀김), 초리소(Chorizo: 콜롬비아식 소시지), 레예나(Rellena: 순대 튀김) 같이 고기가 주재료고 간은 좀 짠 편이다. 플라타노조차도 기름에 튀겨서 요리하니까 심심한 아레파와 함께 먹는 것이다. 처음엔 아무 맛도 없어서 이게 뭐야 했는데 먹을수록 심심한 그 맛에 자꾸 끌린다. 아르메니아의 아레파 전문점에서는 아레파에 치즈, 고기, 햄, 각종 소스를 얹어서 파는데 매일 문전성시를 이룬다.

누비아 선생님은 산코초Sancocho를 잘 끓인다. 소고기 산코초는 갈비탕, 닭고기 산코초는 삼계탕, 돼지고기 산코초는 돼지국밥과 비슷하다. 요즘은 누비아의 딸 리나가 출산을 해서 매끼 닭고기 산코초를 먹고 있다. "운 포키토. 운 포키토. 모니카Un poquito. Un poquito. Mónica!"(조금만 더. 조금만 더. 모니카!)

누비아가 아내에게 가장 많이 하는 소리이자 아내가 가장 무서워하는 소리다. 늘 많이 주려는 누비아와 늘 적게 먹으려는 아내의 신경전. 오죽하면 아내의 꿈에서도 누비아가 음식을 들고 따라다닌다고 할까?

누비아 집에 식사 초대를 받으면 아내는 좋아하면서도 부담스러워한다. 며칠 동안 공들인 다이어트가 무너지기 때문이다. 하지만 누비아는 난민같이 야윈 아내를 늘 안쓰러운 표정으로 본다. 오늘 저녁도 누비아 집이다.

정작 누비아 집에 도착하니 불이 꺼져 있었다. 오늘은 일찍 자나? 아니면 며칠 전에 한 약속이라 잊어버렸나? 그래도 혹시나 하고 문을 두드렸더니 누비아가 눈을 부비며 나왔다. 남편이 야근이라서 저녁을 일찍 먹고 자려는 참이었다고 한다. 아내는 내심 기쁜 표정으로 그럼 다음에 저녁을 먹으러 오겠다고 했다. 그런 말에 쉽게 놓아줄 누비아가 아니다. 기어코 손을 잡고 저녁을 먹고 가란다. 문을 여는 순간 갑자기 불이 켜지며 노랫소리가 들렸다.

"해피 버스데이 투 유!"

벽에는 아내의 이름인 'MONICA'를 써 붙여놓았고 천장은 풍선과 종이테이프로 장식했다. 누비아 가족들이 모두 모여 케이크에 불을 붙이며 반겨주었다. 얼떨떨한 표정의 아내. 서프라이즈 파티를 미리 알고 있던 내게도 감동이 밀려왔다. 이 정도로 준비할 줄은 몰랐다. 누비아가 옷을 선물로 주며 안아주자 아내는 참았던 눈물을 흘리고 말았다. 남편만 믿고 지구 반대편까지 먼 길을 따라온 아내. 말은 하지 않았지만 타국 생활이 얼마나 두렵고 힘들었을까. 누비아가 아니었다면 벌써 한국행 비행기를 탔을지도 모른다. 이날 아내는 누비아가 건네주는 음식을 맛있게 '남김없이' 먹었다.

집으로 돌아오는 길, 아내가 조용히 건넨 말을 지금도 잊을 수 없다.

"내게는 엄마가 셋 있는데 첫째는 친정엄마, 둘째는 시엄마, 그리고 셋째 엄마는 누비아야."

아빠 한 판 더 해요.

나온다. 나온다.
부스러기 나온다.

딸과 함께라면
마사모라도 맛있다.

커피 농장 산타 엘레나에서

누비아 달려!

새로운 곳에 가니
새로운 인연이 있었다.

아내의 생일 파티

리나와 광장 카페에서

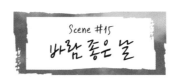

Scene #15

바람 좋은 날

하늘이 파랗다. 산언덕에서 내려다 보이는 마을도 푸르다. 살랑거리는 바람에서 들꽃 향이 난다. 무슨 꽃일까? 흔들흔들. 테라스에 걸린 해먹에 몸을 맡긴채 까무룩 눈을 감았다가 다시 뜬다. 지평선인지 수평선인지, 어디까지 하늘이고 어디까지 땅인지 구별되지 않는다. 아무렴 어떠랴? 이렇게 바람이 좋은데.

적도에 걸친 콜롬비아에서는 정오가 되면 해가 머리 꼭대기에 서고 그림자는 발밑으로 눕는다. 사람들은 이곳 날씨가 무척 더울 것이라고 생각하는데 부에나비스타는 고도가 높아서 1년 내내 초여름 날씨다. 오늘은 참 빨래 널기 좋은 날. 햇볕 들고 미풍이 불면 아내는 빨래를 넌다. 나는 섬유 유연제보다 향기로운 햇살 냄새가 더 좋다. 변화무쌍한 남미의 날씨 때문에 언제 비가 쏟아질지 모르지만 걱정 없다. 친절한 옆집 제니는 언제나 우리와 함께 빨래를 널고 함께 걷는다. 어쩌다 빗방울이 떨어지는 날이면 제니는 어김없이 우리 빨래도 걷어준다. 널 수 있는 가족들의 빨래가 있음에 감사하고, 널 수 있는 앞마당이 있음에 감사하고, 널 수 있는 햇볕이 있음에 감사하고, 널 수 있는 시간이 있음에 감사하고, 무엇보다도 함께 널 수 있는 이웃이 있음에 감사한다.

부에나비스타의 넉넉한 볕과 바람에
오늘도 감사 또 감사.

"부릉~ 부릉~"
막내의 노란 장난감 트럭이 돌아왔다. 한번 출동하면 마을 구석구석을 누빈다. 올 때마다 싣고 오는 짐은 다르다. 어떤 때는 모래를 잔뜩 가져 오기도 하고 어떤 때는 꽃잎을 소복이 담아 오기도 한다. 오늘은 노란 커피 열매를 싣고 왔다.
"끼이익~ 딩동! 주문하신 물건 도착했습니다."
"어? 제가 주문한 커피는 빨간 열매인데 노란 걸로 잘못 가져왔네요. 반품합니다."

"땡! 반품 안 됩니다. 받으세요. 위이이잉~"

막내의 노란 장난감 트럭이 노란 커피 열매를 막무가내로 바닥에 쏟아 부었다. 체리를 닮은 커피 열매 하나에는 보통 커피 씨앗이 두 알씩 들어 있다. 흔히 우리가 커피콩이라고 부르는 것이 바로 이 씨앗이다. 다 자란 커피나무 한 그루에서 수확되는 커피콩은 1년에 약 4,000개인데 로스팅을 거치게 되면 450그램 정도 된다고 한다. 커피 체리는 익으면서 초록색에서 선홍색으로 바뀌는데 가끔 노란색으로 익기도 한다. 하지만 품종이 다른 것은 아니다. 이곳 커피 농부들은 노란 커피 열매를

수에르테(Suerte: 행운)라고 부른다.

커피로 마시기 위해서는 수확한 커피 체리의 껍질을 벗기고 속에 든 커피콩을 발라내야 한다. 과육은 씨앗에 살짝 발려 있는 정도인데 맛을 보면 달콤하다. 정제 과정은 건식법과 습식법(수세공법)이 있다. 건식법은 커피 체리를 햇볕에 널어 말리기만 하면 된다. 4주 정도 지나 부슬부슬하게 마른 껍질을 까고 커피콩을 발라내는 방식이다. 이 방식은 비용도 덜 들고 물 소비도 적지만 시장에서는 습식 처리된 커피를 더 고급으로 쳐준다.

습식으로 정제할 경우, 수확한 지 24시간 안에 껍질을 벗긴다. 그 후 커피 씨앗을 어마어마한 크기의 발효 탱크에 쏟아붓고 12시간에서 36시간 가량 효소를 넣은 물에 담가둔다. 이런 발효 과정이 커피에 과일 향 같은 산도와 풍미를 살리는 데 결정적인 역할을 한다. 발효 과정을 마친 후 세척하면 미끌미끌한 점액질도 사라지고 속껍질만 커피콩에 남아 있는데 이 단계의 커피를 파치먼트 커피라고 한다. 파치먼트 커피를 햇볕 잘 드는 탁 트인 곳에 널어 보름 정도 말린다. 그 후에는 분류 작업을 거쳐 크기와 밀도에 따라 등급을 매긴다.

막내가 가져온 커피콩을 깨끗하게 물로 씻어서 볕 좋은 창틀에 두고 말렸다. 이 커피콩들은 소중히 갈무리해두었다가 한국으로 돌아가면 노란 화분에 심어야겠다. 커피콩을 보니 맛있는 아이스커피 한 잔이 생각난다.

부에나비스타에서 유일하게 현대식 에스프레소 머신으로 커피를 만들어주는 곳, 카페 엑스타시스Café Éxtasis. 환희의 카페라는 뜻인데 우리 집에서는 광장 카페로 통한다. 이곳은 시에서 지원을 받는데 마을 청년들 열 명 정도가 모여서 운영한다. 대표를 맡고 있는 마누엘은 잘생긴 얼굴에 단정한 옷차림, 상냥한 말투 때문에 한눈에 봐도 호감 가는 스타일이다.

그는 평일 낮에는 커피를 만들며 광장 카페를 지키고, 일주일에 세 번은 저녁마다 아르메니아에 있는 커피 학원을 다닌다. 커피를 볶고 내리는 과정과 커핑, 커피 농사에 이르기까지 모든 것을 가르쳐주는 학원이라고 한다. 마누엘은 남미인 특유의 여유도 찾아볼 수 없을 만큼 부지런하다. 얼마 전에는 유명한 커피 농장에서 개업할 자체 브랜드 카페의 매니저 자리를 제안받고는 고향을 떠날지 말지 심각하게 고민 중이라고 했다.

부에나비스타는 워낙 산골 마을이라 커피를 파는 어느 가게를 가든 설탕이 들어간 커피인 띤또와 우유를 첨가한 카페 콘 레체Café con leche가 메뉴의 전부다. 엑토르의 빵집도 그렇고 넬슨의 당구장도 그렇다. 우리나라 커피 전문점에서 즐길 수 있는 메뉴를 원한다면 역시 광장 카페로 가야 한다. 나는 보통 에스프레소나 카페 알래스카를 주문한다. 얼음을 갈아서 만드는 카페 알래스카는 마누엘이 개발한 메뉴로 시원하면서 달콤한 커피가 당길 때는 안성맞춤이다. 아내는 언제나 카페라데를 주문한다. 1,500페소 정도면 충분하다.

오랜만에 아내와 손잡고 광장으로 들어서는데 가게 문이 닫혀 있다. 시계를 보았더니 오후 1시 10분. 오라 데 알무에르소(Hora de almuerzo: 점심시간)였다. 콜롬비아 상점 대부분은 12시부터 오후 2시까지 영업을 하지 않는다. 슈퍼, 옷 가게, 문방구, 카페 심지어 은행도 문을 닫는다. 문을 열고 영업하는 곳은 레스토랑뿐이다. 스페인, 이탈리아 등 지중해 연안 국가와 라틴아메리카에서 한낮의 무더위를 피해 낮잠을 자는 전통인 시에스타Siesta 때문인데, 최근 콜롬비아 뉴스에서 이를 두고 갑론을박이 벌어지기도 했다.

다시 집으로 돌아와 해먹에 걸터앉았다.

아내가 햇콩으로 볶아 내린 신선한 커피 두 잔을 들고 왔다. 아내와 도란도란 수다를 떨면서 맛있는 커피를 홀짝홀짝 비운다. 한국에 있을 때는 누려보지 못한 여유다. 커피꽃처럼 하얀 커피 잔 바닥에 얼룩만 남았다.

"커피 잔 뒤집어볼래? 내가 커피 점 봐줄게."

"그 정도는 나도 봅니다. 어디 보자, 얼룩이 꼬불꼬불한 것이 조만간 한국에서 누가 우리에게 라면 한 박스 보내주겠네."

"하하하"

둘 다 한바탕 웃고는 해먹에 다시 몸을 파묻었다. 조금 전 보았던 뭉게구름은 모양을 바꿔서 저만치 흘러가고 있었다. 커피꽃 향기가 진하게 날아왔다. 이내 눈꺼풀이 무거워진다. 낮잠이 들락 말락 할 때에는 어김없이 어머니 목소리가 떠오른다. '부지런한 사람 일하기 좋고 게으른 사람 낮잠 자기 좋겠네.' 평생 게으름을 경계하신 어머니의 충고다. 하지만 오늘은 낮잠을 거역하기 어렵다. 바람이 정말 좋다.

노란 커피 한 알에 행운 하나,
노란 커피 두 알에 행운 둘.

활기차는 바리스타와 향긋한
커피가 있는 곳, 카페 엑스타시스.

여행과 일상은 동전의 양면, 야누스의 얼굴이다. 머물고 있는 그곳이 어떤 사람에겐 반복되는 일상이지만 다른 사람에겐 생각만 해도 설레는 여행지이기도 하니까.

어느 날 미국에서 공부하는 유학생이 메일을 한 통 보내왔다. "제가 커피를 좋아해서요"로 시작해서 "부에나비스타에 가려고 합니다"로 끝나는 내용이었다. 내가 일상을 떠나 여행하고 싶을 때 그 목적지가 일상인 사람에게 정보와 안내를 부탁하는 익숙한 내용의 편지. 가끔은 내가 아닌 남이 나의 정체성을 알려줄 때가 있다. 적어도 지금 이 순간만큼은 부에나비스타에 머물고 있는 내가 여행자가 아닌 일상을 살아가는 생활인인 셈이다.

누굴까? 메일 하단에 첨부된 블로그를 클릭해보았다.

23살. 교환학생 기간을 마치고 한국으로 돌아가기 전 꼭 콜롬비아에 들러 커피 농장을 구경하고 싶어 하는 여학생!

분명히 밝히지만 나는 보수적인 남자는 아니다. 하지만 남미는 성별을 떠나 혼자 여행하기 만만하지 않은 곳이다. 미국에서 공부했으니 영어는 잘하겠지만 이쪽은 영어도 잘 통하지 않는다. 그러나 똑 부러지는 질문 공세에 이리저리 대답하다 보니 어느새 여행 날짜가 정해지고 말았다. 불안한 마음이 말끔히 사라진 건 여학생의 이름을 알고 난 후였다. 박요나. 그녀가 크리스천인지 아닌지는 모르지만 요나는 구약성서에 나오는 인물이다.

하나님은 요나에게 이방인 지역에 회개의 메시지를 전파하라는 소명을 주었다. 그러나 요나는 배를 타고 도망치게 되고, 하나님이 거센 폭풍을 일으키자 선원들은 제비를 뽑아 요나를 바다에 던진다. 이때 요나는 큰 물고기에게 잡아먹히지만 3일 밤낮으로 물고기 배 속에서 기도하여 기적적으로 살아나게 된다는 내용이다. 물론 성서 속의 요나는 아니지만 박요나도 안전하게 여행할 수 있을 것 같은 믿음이 생겼다.

오랜만에 한국 사람을 만난다는 것이 설레기도 했지만 걱정도 되었다. 다른 사람들 눈에는 우리 가족이 부에나비스타에 잘 정착한 것처럼 보일지 몰라도 아직 언어 문제도 완전히 해결하지 못한 상황 아닌가. 아내는 나보다 더했다. 우선 뜨거운 물이 나오지 않으니 찬물로 샤워를 해야 할 테고, 마땅한 한식 재료가 없으니 음식도 제대로 내놓기 힘들고, 잠자리는 괜찮을지 걱정이 태산이었다. 마을에 호텔이 하나 있지만 거리가 좀 있어서 불편한 데다 여자 혼자는 아무래도 마음이 안 놓여서 아이들 방을 내주기로 했다.

이제부터 비상근무 체제다. 우선 대청소. 아이들 짐을 우리 방으로 옮기고 보니 구석구석에 먼지와 흙이 엄청났다. 신발을 신고 방에서 생활하다 보니 피할 수 없는 상황이었다. 벽에 늘어진 거미줄도 빗자루로 떼어내고 침대 커버와 이불도 깨끗하게 빨아서 곱게 개어두었다. 그 다음은 식단. 한식과 콜롬비아식을 반반으로 준비하고 하루 중 한

끼는 외식을 하기로 했다. 4일은 머물게 될 테니 신경 써서 장을 봐야
했다.

가장 중요한 준비는 커피 농장 섭외였다. 여행의 핵심은 커피였으니
까. 최소한 세 군데는 둘러보게 해주고 싶었다. 먼저 내가 일하는 산타
엘레나. 그리고 경치가 무척 아름다운 커피 농장 루비Rubí. 마지막으로
농장 안에 예쁜 카페를 운영하는 산 알베르토San Alberto를 섭외해두었
다. 섭외라기보다는 서투른 스페인어로 전한 통보에 가까웠겠지만 모
두들 흔쾌히 허락해주었다.

아르메니아 공항에는 한 시간 전에 도착했다. 워낙 규모가 작고 운항
편수도 많지 않다 보니 비행기가 띄엄띄엄 뜨고 나는 것이 선명히 보
였다. 우리 가족이 보고타 국제공항에 내리던 순간이 떠올랐다. 지구
반대편 낯선 공항에서 불안을 감추던 나를 '하에순레'라고 부르며 반
갑게 맞이하던 덩치 큰 콧수염 아저씨. 그리고 그때 처음 마셔본 띤또
한 잔.

게이트가 열리자 동양인 여자 한 명이 눈에 확 들어왔다. 확인할 필요
도 없었다. 작은 캐리어를 끌고 노트북 가방을 둘러맨 커피 여행자. 반
갑게 인사를 나누고 공항 옆에 있는 간이매점에서 띤또를 시켰다. 역
시 콧수염을 기른 사람이 오래된 보온통에서 띤또를 따라 건네주었다.
"커피 맛있네요."

역시 '요나'였다. 여행의 피로와 두려움은 전혀 찾아볼 수 없었다.
"보고타에서 마신 후안 발데스 커피와는 또 다른 맛인데요?"

나도 띤또를 처음 마셨을 때 비슷한 생각을 했다. 후안 발데스는 이미
프랜차이즈화 돼 있어서 고급 에스프레소 머신을 사용하고 메뉴도 스

타벅스와 큰 차이가 없다. 하지만 띤또는 조금 다르다. 어쩌면 콜롬비아의 진정한 커피 맛을 그대로 간직하고 있는 커피일지 모른다.

"어머! 사모님, 사진보다 미인이세요."

"그냥 언니라고 불러요. 보고타에선 고생하셨죠?"

"호텔에서도 영어가 잘 안 통하더라고요."

"우선 마을 구경부터 하시죠. 마을이 작아서 한 시간이면 돌아볼 수 있거든요. 커피 농장은 내일 갈 예정이고 모레는 커피밭 위를 나는 패러글라이딩이 준비돼 있습니다."

성급하게 끼어든 내게 아내가 눈짓을 했다.

"우선 방으로 안내해드려요."

"아, 맞다. 2층으로 가시죠."

커피 여행자는 웃으며 영어 동화책 두 권을 꺼내 아이들에게 주었다.

나흘 동안 나는 여행 가이드로서 잊지 못할 추억을 만들어주기 위해 최선을 다했다. 커피 여행자는 길가에 자라는 커피 열매를 따서 먹어보기도 하고 햇볕에 늘어놓은 커피콩 위에 누워보기도 했다. 산타 엘레나에서는 현지식으로 점심을 먹고, 한 잔의 커피가 만들어지는 과정을 체험하며 즐거운 시간을 보냈다.

걸어서 다닌 농장 투어여서 그런지 돌아오는 길 커피 여행자의 발걸음이 무거워 보였다. 그래서 근처에 있는 계곡으로 안내했더니 주저 없이 계곡물에 몸을 던지며 즐겁게 소리쳤다.

"안데스의 대자연에 몸을 담그다!"

다음 날은 안데스의 대자연에 몸을 띄워볼 순서. 부에나비스타에서도 패러글라이딩을 할 수 있다. 비용은 12만 페소 정도. 한국보다는 싸지만 유학생에겐 꽤 부담이 될 텐데 커피 여행자는 망설임 없이 패러글라이딩을 선택했다.

"하나도 무섭지 않았고 정말 재미있어요."

난생처음 패러글라이더를 타고 그것도 커피밭 위를 날았으니 특별한 경험일 수밖에. 커피 여행자는 아르메니아 관광을 마지막으로 보고타행 야간 버스에 몸을 실었다. 헤어지는 순간 온몸의 긴장이 풀리고 묵직한 피로감이 몰려왔다. 그때서야 처음 알았다. 여행자를 맞는 사람은 여행하는 사람보다 두 배는 힘들다는 것을.

다음 날 커피 여행자에게서 메일이 한 통 왔다. 잘 도착했다는 소식이겠거니 하고 열었는데, 보고타에서 그만 비행기를 놓쳤단다. 기념품을 산다고 돈을 모두 써버린 상태라 가진 돈도 없고 영어도 통하지 않아서 그냥 주저앉고 말았다고. 공항 안에서 엉엉 울고 있으니 콜롬비아 신사 한 분이 다가와서 무슨 일인지 물어보았고, 영어가 통하는 반가움에 사연을 말했더니 선뜻 항공권을 끊어주었다고 했다.

요나란 이름의 커피 여행자는 메일의 마지막을 이렇게 맺었다. 콜롬비아는 무척이나 멋있는 신사의 나라이며, 신선한 과일과 커피를 즐길 수 있는 나라로 기억되었다고. 그리고 언젠가 꼭 다시 오겠다고.

재선이란 이름의 커피 여행자는 여행의 끄트머리에서 어떤 글로 콜롬비아를 추억할까? 미래를 알 수는 없지만 나 또한 언젠가 꼭 다시 오겠다고 마음먹지 않을까….

이게 띤또예요?

커피 농장 루비에서
비비아나와 함께

커피 향이 아니라
햇살 향이 나요.

저 아래가 모두 커피 밭입니다.

와, 열대 과일이다!

저, 이 옷 어때요?

커피 여행자 윤나.
그녀는 지금 고향 전라남도
순천에서 작은 카페를
운영하고 있다.

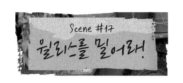

Scene #17
윌리스를 밀어라!

종아리가 터지려고 한다.

긴장한 근육은 팽팽하게 부풀어 올랐고, 얼굴은 땀으로 범벅이 되었다. 힘들게 마을 언덕을 하나 넘었는데 결승점은 아직 멀었다. 평지에 이르러 조금 숨을 돌리나 했는데 다시 가파른 언덕이다. 고개를 들어 앞을 보니 아찔하다.

'이건 미친 짓이야. 차는 타라고 있는 건데 왜 밀고 난리야?'

윌리스Willys 지프차를 함께 밀던 윌리암이 '아니모(Animo: 힘내자)'라고 기합을 넣자 다 같이 '아니모'를 외치며 힘을 낸다. 축제에 참가한 많은 사람들도 환호하며 분위기를 띄운다. 언덕 꼭대기까지 10미터 정도 남았을까? 힘겹게 오르던 윌리스가 멈춰 섰다. 다섯 팀원 중 누군가 힘이 빠져 밀지 못하고 있는 모양이다. 나 하나쯤 힘을 빼도 괜찮겠지 하다가는 이렇게 되고 만다. 여기서 한 사람만 더 힘을 빼게 되면 윌리스는 언덕 아래로 미끄러진다. 이럴 때는 팀원 모두 숨을 좀 고르고 다시 힘을 모아야 한다.

뒤따라오며 응원하던 정호가 팀원들에게 물을 뿌려주면서 '아빠, 힘내!'라고 소리쳤다. 누군가는 봉지에 든 물을 먹여주기도 했고, 누군가는 박수를 치며 응원해주었다. 이번엔 내가 '아니 모'를 외쳤다. 순간 멈췄던 윌리스가 다시 움직였고 가파른 언덕을 넘어 내리막을 타기 시작했다.

'이제 힘 좀 빼도 되겠다. 어…?'

안도감은 잠시였다. 미끄러지던 윌리스에 가속도가 붙기 시작했다. 이번엔 윌리스 꽁무니를 잡고 내리막을 함께 뛰어야 한다. 순간 다리에 힘이 탁 풀리는 것이 느껴졌다. 언덕에서 힘을 너무 많이 썼나 보다. 위기다. 윌리스에서 손을 떼면 실격이다. 다른 팀원들은 이미 달리는 윌리스에 올라타고 있다. 평소 같으면 충분히 윌리스를 따라잡을 수 있겠지만 지금은 아니다. 이대로 가다간 손을 뗄 수밖에 없다. 무조건 윌리스에 올라야 한다.

제2차 세계대전에서 연합군이 승리할 수 있었던 병기로 흔히 세 가지를 꼽는다. M1 소총과 무스탕 전투기 그리고 마지막이 윌리스 지프다. 1940년 미 육군은 전쟁터에서 효율적으로 쓸 수 있는 정찰 차량을 개발하고자 했다. 전장의 거친 지형 특성상 전륜구동이 필수였다. 하지만 테스트 카 개발 기간이 몇 주에 불과해 단 두 회사만 프로젝트에 참여했다. 그중 하나가 존 윌리스John Willys가 설립한 자동차 회사였다.

안데스 산맥이 걸쳐 있는 콜롬비아에서 윌리스는 제격이다. 좁고 가파른 산골 커피 농장에서 노새 대신 커피를 싣기도 하고, 아침에는 학생들을 태우고 가는 스쿨버스로 밤에는 버스를 놓친 사람들의 택시로 변신한다. 보통 윌리스는 승객 수나 짐은 그리 따지지 않고 거리에 따른 요금만 받는다. 따라서 여러 명이 움직일 때는 버스보다 싸고 편리하다.

우리 가족도 누비아 가족과 함께 놀러 갈 때면 언제나 윌리스를 이용한다. 우리나라에서는 큰일 날 말이겠지만 윌리스 지붕을 열고 일어서서 바람을 맞으며 달리면 정말 기분이 좋다. 또 비가 오는 날은 지붕을 덮고 뒤쪽 짐칸에 옹기종기 모여 앉는데 그 또한 낭만적이고 재미있다.

부에나비스타에서는 1년에 한 번 마을 체육대회를 여는데 그 마지막 날을 화려하게 장식하는 경기가 바로 '윌리스 밀기'다. 팀원은 다섯 명. 한 사람은 운전석에서 방향을 잡고 나머지 네 명이 윌리스를 밀어서 가장 빨리 결승점에 도착한 팀이 이기는 경기이다. 나는 부에나비스타의 미라도르(Mirador: 전망대) 팀으로 출전했는데 지금 이 순간 윌리스에서 손이 떨어져 탈락할 위기에 처한 것이다. 여기서 내가 빠지면 나머지 세 명이 윌리스를 밀어야 한다. 게다가 이미 우리는 두 번째 언덕에서 멈춰 섰기 때문에 다른 팀보다 뒤지고 있는 상황. 여기서 포기할 수는 없는

데, 다리는 의지와 정반대로 반응하고 있었다.

이대로 끝내야만 하나…. 손이 막 떨어지려는 순간 윌리스 속력이 떨어졌다. 앞을 보니 짧은 내리막이 끝나고 학교로 올라가는 긴 오르막이 시작되고 있었다. 동료들은 윌리스에 올라타지도 않고 내리막을 무서운 속도로 달린 나를 보고 대단하다는 듯 고개를 끄덕여주었다. 남의 속도 모르고.

마지막 언덕은 다른 팀과 격차를 줄일 수 있는 승부처였다. 하지만 팀원 모두 체력이 바닥나버려서 정신력으로 버틸 수밖에 없었다. 처음에 윌리스 밀기를 한다고 할 때 100미터 정도이겠거니 했는데 이렇게 코스가 길 줄은 몰랐다. 오른쪽과 왼쪽 어깨로 번갈아가면서 밀어본다. 앞으로 밀기도 하고 뒤로 밀어보기도 한다. 정말 더디게 올라간다. 어떻게 보면 단순히 힘자랑하는 자동차 밀기 대회라고 볼 수 있겠지만 대회에 참가한 내 마음 한구석에는 윌리스의 노고를 하루만이라도 덜어주자는 애틋함도 있었다. 그 옛날 커피 농부들의 힘을 덜어주던 충직한 노새를 아끼는 마음처럼.

우리 팀 기록은 18분 30초. 참가한 다섯 개 팀에서 3등이다. 채소 가게 주인 호세가 속한 팀이 16분대 기록으로 1등을 차지했다. 호세의 허벅지를 보면 하루에 천 리를 달리는 준마가 떠오른다.

칼라르카Calarcá는 킨디오 주에서 아르메니아 다음으로 큰 도시다. 이곳에서는 1년에 한 번씩 윌리스 축제를 크게 여는데 윌리스 밀기 대회뿐 아니라 다양한 행사가 펼쳐진다. 우선 '윌리스에 짐 많이 싣기' 대회를 구경하다 보면 놀라서 입이 쩍 벌어진다. 윌리스는 원래 그리 크지 않은 지프다. 그런데 대회에 참가한 선수들은 윌리스 크기는 아랑곳없이 평균 수명 40년의 윌리스.
커피도 실어 나르고
사람도 실어 나르고

이제

세월도 역사도
함께 실어 나릅니다.

짐을 높게 쌓으며 싣는다. 자전거, 화장대, 소파, 의자, 그리고 앞쪽에는 개집을 묶기도 한다. 이 정도면 윌리스 두어 대로 이삿짐도 충분히 옮길 수 있을 것이다.

'윌리스 묘기' 대회를 보면 입이 벌어지는 걸 넘어 턱이 빠질지도 모른다. 카우보이들이 말을 타면서 묘기를 부리는 로데오 경기는 야생마에 안장 없이 올라타기, 달리는 말에서 내렸다가 다시 올라타기 등 여러 가지 볼거리를 제공하는데 윌리스 묘기 대회는 말 대신 윌리스라고 생각하면 정확하다. 네 바퀴 달린 지프차를 네발 달린 말처럼 부리며 묘기를 선보이는데 윌리스 뒤 칸에 무거운 짐을 잔뜩 싣게 되면 그 무게 때문에 앞바퀴가 번쩍 들린다. 그러면 참가한 선수는 뒷바퀴를 이용해 무게중심을 잡아 윌리스를 제자리에서 회전하게 만든다. 거기에다가 한술 더 떠서 핸들을 잘 고정한 후 운전자가 움직이는 차에서 내려 마치 살아 있는 말을 부리듯 윌리스 혼자 제자리를 돌게도 만드는 것이다.

거리를 가득 메운 관객들 앞에서 아무런 안전장치도 없이 펼치는 묘기라서 좀 위험해 보였는데 콜롬비아인들은 마냥 즐거운 표정이었다. 어느새 나 역시 윌리스를 타고 동해안 7번 국도를 달리는 상상을 하며 축제를 즐겼다.

아, 갖고 싶다!
여보, 윌리스 중고로 한 대 사서 한국 갈 때 타고 갈까?

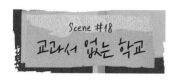

새파란 하늘 아래 구름 한 점이 성당 어깨에 걸려 있다.

카페에서는 페르난도 보테로Fernando Botero 작품에 등장하는 사람들을 닮은 풍성한 살집의 남미 아줌마 아저씨 들이 한가로이 커피를 홀짝이고 있다. 나는 광장 벤치에 늘어져 호세네 가게 라디오에서 흘러나오는 음악 소리에 손가락 장단을 탄다. 이 모든 것이 영화의 한 장면처럼 느껴져 현실감이 없다.

광장 어귀에는 라틴아메리카의 독립을 이끈 영웅 '시몬 볼리바르Simón Bolívar'가 위엄을 갖추고 서 있다. 동상의 그림자가 제일 짧아질 즈음 학교에서는 아이들이 쏟아져 나오기 시작한다. 소영이와 정호는 금방 눈에 띈다. 학교에서 유일한 동양인인데다가 사복을 입은 아이들은 둘밖에 없기 때문이다.

"아빠, 교복 사주세요."

누나 손을 잡고 오던 막내가 또 투정을 부렸다. 소영이도 말은 하지 않지만 교복을 입고 싶은 눈치였다. 남학생은 남색 바지에 흰색 셔츠, 여학생은 남색 치마에 흰색 블라우스 교복이다. 수수한 디자인이라서 오히려 사복이 더 예쁜데 아이들은 교복을 입고 싶어 한다. 친구들과 일체감을 느끼고 싶은 것이다.

한국에서는 아이돌 스타를 모델로 내세운 유명 브랜드의 교복 매장이 곳곳에 있다. 물론 가격도 엄청 비싸다. 이곳에서는 2만 원이면 교복 한 벌을 살 수 있다. 생각해보면 교복이 그렇게 비쌀 이유가 없다. 아침에 옆집 제니에게 교복 파는 곳을 물어보니 성당 옆 잡화점에 가면 있을 거라고 했다. 바로 시몬 볼리바르 동상 오른편에 있는 가게.

"그래, 교복 사러 가자."

"오예!"

행복이란 이런 것이다. 사소한 일에도 신이 나서 깡충깡충 뛰는 것. 그리고 그런 아이들을 바라보는 것. 잡화점에는 이름 그대로 잡다한 물건들이 많았다. 옷이나 가방은 물론이고 생활용품에 학용품까지 다 갖추고 있었다. 소영이와 정호의 몸에 맞는 교복만 빼고 말이다. 체육복은 있는데, 교복은 학기 초에 이미 다 팔리고 큰 사이즈 두 벌만 남아있었다. 이렇게 작은 행복은 또 쉽게 허공으로 사라져버리기도 하는 법이다.

새 학년이 시작되면 교복이 많이 나올 것이라고 하는데 그 전에라도 꼭 사고 싶다면 아르메니아까지 나가서 맞춤복으로 주문할 수 있단다. 할 수 없이 체육복만 사고 가게를 나와야 했지만 그것만으로도 아이들은 즐거운 표정이었다.

콜롬비아의 교육제도는 남미 지역에서 꽤 훌륭하다고 알려져 있다. 에스쿠엘라(Escuela: 초등학교) 과정은 5년으로 의무제다. 보통 6살부터 1학년이 시작되니까 제대로 마치면 11살이다. 콜레히오(Colegio: 중·고

등학교)는 6년으로, 4년은 일반 학습 2년은 전문 직업 과정이다. 우니 베르시다드(Universidad: 대학교)는 우리와 똑같이 4년제로 이루어져 있지만 전공에 따라 조금씩 차이가 있다.

1학기는 1월 말에 시작하여 6월에 끝난다. 3주간 여름방학을 하고 7월에 2학기가 시작된다. 11월이면 겨울방학인데, 이때는 약 세 달을 쉰다. 여름방학, 겨울방학이라고 표현했는데 사실 1년 내내 초여름 날씨이기 때문에 그냥 중간 방학, 학기 말 방학이라고 하는 게 맞겠다.

시험은 학기 중에 치르는 중간고사와 학기 말에 치르는 기말고사가 있는데 학년 말에 총점을 계산하여 성적이 좋으면 상급생이 되고 아니면 같은 학년으로 한 해 더 공부를 해야 된다. 그래서 우리나라처럼 같은 학년이라고 해서 모두 동갑은 아니다. 소영이 친구들도 대부분 소영이보다 2살에서 4살까지 많다.

부에나비스타는 작은 마을이라서 학교도 한 학년에 한 반밖에 없다. 학생 수도 그리 많지 않아서 우리나라 시골 분교처럼 보이는데 그래도 이곳은 엄연히 킨디오 주州의 시市다. 처음 아이들을 학교에 보낼 때 걱정을 많이 했는데 참 다행스럽게도 부에나비스타에 도착했을 때 우리 가족의 정착을 도와준 누비아가 바로 학교 선생님이었다. 소영이와 정호는 4학년과 1학년에 배정됐다. 연필, 지우개, 공책, 책가방까지 학교에서 다 나눠줬는데 정작 교과서는 없었다. 학기 중간에 들어가서 우리 아이만 못 받은 줄 알았더니 반 아이들 모두 교과서가 없었다. 시골 마을이라 재정적인 문제가 있어서 그런지는 확실하지 않다.

교과서 없이 무슨 공부를 하나? 한국에서는 과목마다 참고서에 문제집에 학원까지 보내는데 여기서는 어떻게 공부를 시키지? 교과서도 없고 학원도 없으니 선행 학습이 있을 리 없다. 학교에서는 수업을 어떻게 진행할까?

하루는 누비아 선생님 허락을 받고 학교 수업을 참관했다. 소영이는
나투랄레스(Naturales: 자연) 수업을 받고 있었다. 선생님은 화이트보드
에 태양과 나무를 그려가며 식물의 광합성을 설명하고 있었다. 창밖으
로는 해발 1,500미터 커피밭 아래 운해가 한 폭의 수묵화처럼 펼쳐졌
다. 햇빛으로 환하던 교실은 구름이 지나가자 금세 어두워졌다. 고개
를 들어 교실 천장을 보니 전등이 없다. 그야말로 자연의 빛으로 공부
하고 있었다.

설명을 끝낸 선생님은 학생들이 제대로 이해했는지 확인하기 위해 한
명씩 발표를 시켰다. 어떤 아이는 막힘없이 이야기했고 어떤 아이는
이것저것 선생님께 묻기만 했다. 그때마다 선생님은 성의 있게 설명해
주었다. 한국이라면 어땠을까? 한두 번 설명해주고 난 다음에도 아이
가 계속 모른다고 하면 꾸지람이나 집에 가서 공부해 오라는 말을 들
을 것이다. 선행 학습을 마친 아이들은 정작 수업에는 관심이 없다. 학
원에서 다 배웠기 때문이다. 그러면 대체 학생들은 왜 학교에 가야 한
단 말인가?

소영이 차례가 되자 친구인 나탈리아가 함께 나와 도와주었다. 비록
서툰 스페인어였지만 발표가 끝나자 친구들과 선생님이 박수를 쳐주
었다. 물론 외국인이라서 도와주었겠지만 경쟁에서 이기는 것만이 최
고인 줄 아는 우리의 교육 현실과는 많이 다른 모습이었다. 다른 모습
은 그뿐만이 아니었다. 사실 수업 분위기는 자유롭다 못해 산만하기
이를 데 없었다. 선생님의 설명이 끝난 후 수업 내용을 공책에 쓰거나
그림을 그리는 시간에 아이들은 떠들거나 자리에서 일어나 돌아다니

한 달에 한 번 있는 '청바지의 날' 풍경.
두 다리 뻗고 복도에 앉아 있는 학생들 모습이
마냥 자유로워 보인다.

기도 했다. 심지어 어떤 아이는 선생님 뺨에 뽀뽀를 하고는 수업 중에 교실을 나갔다. 나중에 안 일이지만 선생님 아들이었다.

지구 반대편 학교라고 숙제가 없는 건 아니다. 보통은 그날 배운 내용을 복습하는 정도지만 에티카(Ética: 도덕) 숙제 중에는 마을 어른들을 찾아가서 기금을 모으는 것도 있다. 액수는 상관없지만 열 명에게 돈과 서명을 받아야 한다. 이런 숙제는 참 어색하게 느껴졌는데 아이들은 마을 경찰서와 소방서, 슈퍼마켓으로 뛰어다니며 정말 즐거워했다. 아이들이 오면 어른들은 500페소나 1,000페소를 기분 좋게 건네며 서명해주었다.

방과 후에는 축구나 인라인스케이트, 악기도 배울 수 있다. 물론 이 모든 것이 무료이기 때문에 집에 돈이 없다고 방과 후 수업을 못 듣는 아이는 없다. 아이들은 또 파출소와 소방서, 병원 등에서 봉사 활동을 하는데 마을 행사가 있을 때는 경찰관이나 소방관 옷을 차려입고 일을 돕는다. 소영이와 정호도 제복이 멋있다면서 새 학기가 되면 지원할 거라고 잔뜩 들떠 있다. 여기 아이들에게는 봉사 활동도 즐거운 놀이 중 하나다.

숙제도 놀이처럼 뛰어다니며 즐기고, 수업 시간에도 웃고 떠들며 배운다. 공부하는 양이나 학습 능력은 우리나라 학생들보다 못할지 모르지만 나는 부에나비스타 학교가 우리나라 학교보다 바람직하다고 감히 말할 수 있다.

누군가는 겨우 몇 달 살아보고 섣불리 판단한다고 할지도 모른다. 하지만 지금 집에 초등학생 자녀가 있다면 한번 물어보시라! 학교 가는 것이 재미있고 즐거운지를. 나는 지구 반대편 콜롬비아 부에나비스타의 작은 마을에 사는 우리 아이들에게 가끔 물어본다.

"오늘 날씨도 좋은데 학교 가지 말고 아빠랑 놀래?"

그러면 소니아(Sonia: 소영이의 스페인어 이름)와 호세(José: 정호의 스페인어 이름)는 대꾸도 않고 친구들 손을 잡고 학교로 뛰어간다.

겨울이 없는 부에나비스타에서 따뜻한 새해를 맞이하고 새 학기가 시작될 무렵, 성당 옆 잡화점에 교복이 들어왔다는 소식이 들렸다.

"아빠, 작은 사이즈 교복 없어질라. 빨리 사러 가자!"

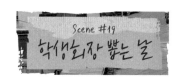

Scene #19
학생회장 뽑는 날

2C-6번지. 지구 반대편 콜롬비아 집 주소. 광장 끝 마을 박물관을 지나면 내리막길이 시작되는데 바로 그 길 왼편 아래 양지바른 동네에 우리 집이 있다. 매일 아침 아이들이 학교에 가고 나면 우리 부부의 여유가 시작된다. 방 청소를 하려고 2층 창문을 여니 건너편 집에서 인부 두 사람이 벽면을 노랗게 덧칠하고 있는 광경이 보였다. 부에나비스타의 집들은 회색이 거의 없다. 연두색, 하늘색, 개나리색 등 마치 파스텔로 그린 집처럼 알록달록 아름답다.

오늘같이 볕 좋은 날엔 커피를 볶아야 한다. 눈 뜨면 커피밭이 장관을 이루는 이곳에서 인스턴트커피를 마실 수는 없지 않은가? 유리병에 갈무리해둔 커피콩을 꺼내자니 아내가 한마디 던진다.

"나가서 볶아!"

처음 부엌에서 커피를 볶았을 때 난리도 아니었다. 온 집안이 연기로 가득 찬 것까지는 괜찮았는데 그릇이며 의자며 바닥에까지 커피콩에서 나온 껍질이 다 떨어져 곤혹스러웠던 것이다.

'나가서 볶는 것'은 사실 말처럼 간단하지 않다. 휴대용 가스버너가 없어서 부엌에 있는 가스레인지를 떼 뒷마당으로 갖고 나가야 하기 때문이다. 부에나비스타에는 도시가스가 들어오지 않아 집집마다 LPG 가스통을 연결해 쓰니까 가스레인지를 옮기는 것이 가능하다. 가스레인지도 국산처럼 자동으로 불꽃을 만들어주는 것이 아니기 때문에 밸브를 열고 라이터로 불을 붙여주어야 한다.

커피를 볶을 땐 열풍을 이용할 수도 있고 열원에 바로 볶을 수도 있는데 열풍식이 비교적 커피가 고르게 볶이는 편이다. 그래서 커피 전문점 대부분이 열풍식 고급 로스터기로 볶은 원두를 쓴다. 커피를 좋아하는 마니아들은 참숯에 커피를 볶아서 특유의 향을 즐기기도 한다는데, 커피 마을 사람들은 그냥 부엌에서 장작불이나 가스 불로 볶아 먹는다. 이곳에서 커피는 여유가 아닌 생활인 셈이다.

나도 지금은 커피 마을 사람처럼 커피를 마신다. 우선 커피를 한 줌 쥐어서 프라이팬에 담고는 많이 찌그러지거나 상한 콩은 골라낸다. 그리고 나무 주걱으로 골고루 섞어주면서 볶는다. 한 5~6분이 지나면 두 번째로 콩이 탁탁 튀는 소리를 들을 수 있는데 이때 원두 색깔을 잘 보면서 불을 꺼야 한다. 조금 덜 볶이면 커피의 신맛이 강하게 느껴진다. 나는 탄 맛을 좋아하는지라 원두 색이 좀 짙어질 때까지 기다리는 편이다. 다 볶고 난 다음엔 빨리 식혀야 한다. 아내가 그릇 두 개로 번갈아 부으면 나는 부채로 열심히 바람을 일으켜 콩 껍질을 날리며 식힌다.

아직 내공이 모자란 탓에 내가 볶은 커피를 보면 색이 고르지 못하다. 좀 탄 것도 있고 덜 볶인 것도 있지만 그때그때 볶은 신선한 원두로 내려 먹으면 그렇게 맛있을 수 없다. 커피를 내리는 방식도 여러 가지가 있지만 이곳에서는 대부분 융드립을 쓴다. 아니 정확히 말하면 드립이 아니라 융에 커피 가루를 넣고 뜨거운 물에 흔든다. 가장 경제적이고 효율적인 방법으로 커피를 마시는 것이다.

시골 버스 출발합니다.

뛰뛰빵빵.

시내로 나가실 분 얼른 올라타세요.

뛰뛰빵빵.

시내로 나가는 유일한 버스,

부에나비스타 광장에서 출발 준비 중!

커피 한 잔을 다 비우고 느린 인터넷을 연결해 메일을 확인하고 있는데 광장 쪽에서 음악 소리가 들렸다. 한국에 있을 땐 집 밖에서 무슨 소리가 들리든 말든 그러려니 했는데 여기서는 조그만 일에도 관심을 가지게 된다. 마을의 크고 작은 행사에는 마을 사람들이 모두 참여하기 때문이다.

광장에 나가 보니 학교에 있어야 할 학생들이 거리로 쏟아져 나와 있었다. 피켓을 든 아이들도 있고 화려한 의상을 입은 아이들도 있었다. 선두에는 늘 그렇듯이 마을 음악 선생님인 루이스가 피리를 불며 공연단을 이끌었다. 그 뒤로는 '농장에서 일하는 아이들을 학교에 보내세요!'라는 문구가 적힌 현수막을 든 행렬이 따랐다. 과거에 비해 교육에 대한 인식이 나아지긴 했지만 아직도 아이를 학교에 보내지 않고 커피 농장에서 일을 시키는 콜롬비아 부모들이 꽤 많은가 보다.

학생들 행렬 사이로 소영이가 보였다.

"소영아, 이게 무슨 행사야?"

"학생회장 뽑는 거래."

학생회장을 뽑는 선거도 마을 축제. 광장 한쪽에는 냉장고 박스를 재활용해 만든 임시 투표소를 세우고, 중앙에는 공연용 무대도 설치했다. 이윽고 퍼레이드를 마친 학생들이 광장에 모여 앉았다. 후보는 모두 세 명. 영화배우처럼 생긴 호세, 살사를 멋지게 추는 아랫집 라우라, 축구를 잘하는 윗동네 파블로.

"소영아, 누구 찍을 꺼야?"

"아랫집에 사는 라우라 언니."

"아빠, 내가 찍은 사람이 뽑히면 나한테 선물 같은 거 줘?"

또 배웠다.
선거는 축제라는 것을.

정호가 참 정호다운 질문을 한다.

여덟 살짜리 눈에는 학생회장 선거가 무슨 복권 번호 맞추기 같은 걸로 보이나 보다. 복권까지는 아니지만 옛날에는 우리도 선거철만 되면 생활용품이나 돈이 공공연히 나돌았다. 어렸을 적 어머니가 일하러 나가시고 혼자 놀고 있을 때 동네 반장 아저씨가 집에 찾아와 어머니께 전해주라며 선거 유인물과 빨랫비누를 놓고 갔다. 며칠이 지나 또 선거 유인물과 수건을 두고 가면서 어머니더러 일요일에 점심 드시러 오라고 전하라는 말도 덧붙였다. 퇴근하신 어머니는 유인물보다 비누나 수건을 더 반기셨다. 나는 선물보다 유인물을 더 반겼다. 반 대머리 아저씨의 얼굴이 마음에 들어서가 아니라 빳빳한 유인물은 그 당시 최고 보물인 네모 딱지의 소중한 재료였기 때문이었다.

정호는 마치 자기가 찍는 사람이 곧 당선이라도 될 것처럼 투표 용지를 뚫어져라 쳐다보았다.

"어 느 쪽 을 뽑 을 까 요. 하 느 님 께 물 어 봅 시 당!"

선택은 하늘에 맡겼지만 표정만큼은 진지했다. 그러고는 빨간색 펜으로 후보자 얼굴에 엑스(X) 표시를 했다. 장난하는 것이 아니라 여기선 엑스 표시가 선택한다는 뜻이다. 우리와는 정반대인 셈이다. 처음 정호가 학교에서 치른 시험지를 갖고 왔을 때였다. 열 문제 중 아홉 문제에 동그라미가 그려져 있었다. 90점! 우리는 만세를 부르며 정호와 얼싸안고 기뻐했었다.

"아빠, 그거 10점이야."

물끄러미 그 광경을 쳐다보던 소영이가 설명해주기 전에는 동그라미의 의미를 몰랐던 것이다.

얼마 전에는 킨디오 주지사와 부에나비스타 시장 선거가 있었다.

"리, 누메로 신코 포르 파보르Lee, número cinco por favor."(리, 5번 부탁해요.)

"올라, 아미고. 노소트로스 소모스 우노Hola, amigo. Nosotros somos uno."(안녕, 친구. 우리는 1번이야.)

물론 외국인인 나에게는 선거권이 없다. 하지만 마을 사람들은 광장에서 우리를 볼 때마다 후보들에 대해 이야기해주며 즐겁게 수다를 떨었다. 후보들은 선거 기간에도 여전히 생업에 종사하거나 커피 농장에서 일을 하면서 선거운동을 했다. 콜롬비아라서 그렇다기보다는 산골 마을이라서 그런 것 같았다.

선거 전날 다리오에게 누구를 찍을 거냐고 물어보았더니, 시장은 후보자 모두 한마을 사람이니 누가 되어도 상관없지만, 주지사는 먼 친척뻘인 산드라가 꼭 당선됐으면 좋겠다고 했다. 다리오의 바람대로 주지사는 산드라가, 시장은 잡화점을 운영하는 루벤이 당선됐다. 새롭게 뽑힌 시장은 트럭을 타고 감사 인사를 했고 마을 광장에서는 축제가 이어졌다. 선거에서 진 후보자들도 함께 어울려 축하해주는 훈훈한 풍경도 새로웠다.

아이들의 투표가 끝날 때쯤 노란 장화를 신은 소년이 광장으로 나왔다. 작업복 군데군데 흙이 묻은 걸로 봐서, 농장에서 일하다 떠들썩한 소리를 듣고 나온 모양이었다. 학교에 다녀야 할 나이 같은데. 축제 분위기인 학생회장 선거를 즐겨야 할 나이 같은데. 그저 먼발치에서 바라만 볼 뿐 또래 아이들과 어울리지 못했다.

가지고 있는 것을 당연하다고 여길 때는 그 소중함을 모른다. 나라를 이끄는 지도자를 뽑는 투표가 귀찮다고 생각하지 말자. 뽑아봐야 거기서 거기라고 포기하지도 말자. 즐기자! 선거는 축제니까.

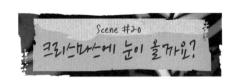

Scene #20
크리스마스에 눈이 올까요?

쿵! 쿵! 쿵!

누군가 우리 집 문을 두드렸다. 거의 동시에 알람이 요란하게 울리기 시작했다. 새벽 5시 20분. 다시 문 두드리는 소리가 들렸다. 아내가 얼른 일어나 문밖에 있던 옆집 제니에게 곧 나가겠다 하고는 나를 흔들어 깨웠다.

"애들 챙겨서 뒤따라갈 테니까 얼른 나가봐."

반쯤 감긴 눈으로 욕실로 한 걸음을 떼자마자 아내는 내 손에 든 수건을 뺏고 카메라를 건네주면서 현관 쪽으로 등을 떼밀었다.

"세수 안 해도 별 차이 없다. 제니 기다리잖아. 얼른 나가."

세상 모든 미혼 남성이여, 나는 그대들이 부럽다!

아직 어둠이 물러가지 않은 광장. 부슬부슬 내리는 비로 바닥은 촉촉하게 젖어 있었고, 새벽의 서늘한 공기는 몸을 움츠러들게 만들었다. 하지만 1년 365일이 따뜻한 나라이기 때문에 우리나라의 한겨울 동장군을 생각하면 이 정도는 추위라고 할 수도 없다. 콜롬비아의 12월은 그저 우기일 뿐이다. 눈 구경을 할 수도 없고 화이트 크리스마스는 상상도 할 수 없다.

인구의 90퍼센트가 가톨릭교도인 콜롬비아에서 크리스마스가 있는 12월은 특별한 기간이다. 우선 축제가 많다. 등불 축제인 로스 파로레스Fiesta de los faroles, 말 축제인 카발가타Fiesta de cabalgata, 그리고 오늘은 12월 1일 비엔베니도 디시엠브레Fiesta de bienvenido diciembre가 있는 날이다. 우리말로 번역하자면 '어서 와요, 12월' 축제라고 할 수 있다.

시몬 볼리바르 동상 곁으로 서서히 마을 사람들이 모이기 시작했다. 모두들 잔뜩 기대에 찬 표정이다. 언제나 느끼는 점이지만 부에나비스타 사람들은 축제를 제대로 즐길 줄 안다. 마을 사람들은 마치 스페인군에 대항하는 시몬 볼리바르 독립군처럼 소방서를 향해 진군했다. 나도 제니를 따라 소방서 쪽으로 걸어가기 시작했다. 어느새 아이들이 나와 함께 걷고 있었다. 아내의 얼굴을 보니 세수는 물론이고 옅은 화장까지 하고 나온 게 분명했다. 나는 겨우 눈곱을 떼며 걷고 있는데….

우리 동네 아랫집에 사는 소방관은 얼굴에 털이 많아서 별명이 모노 (Mono: 원숭이)다. 나도 아직 이름을 몰라 모노 혹은 베시노(Vecino: 이웃)라고 부른다. 오늘따라 모노가 한껏 들떠 있다. 50년도 더 되어 보이는 소방차에 스피커와 앰프를 싣고 시동을 걸었다. 마이크를 잡고는 힘찬 목소리로 외쳤다.

"비엔베니도 디시엠브레Bienvenido diciembre!"(12월을 환영합니다!)

소방서를 출발한 빨간 소방차는 광장을 가로질러 마을을 크게 한 바퀴 돌았고, 마을 청년들이 탄 오토바이가 경적을 울리며 뒤따라 마을을 돌았다. 그리고 마지막으로 마을 사람들의 행렬이 이어졌다. 콜롬비아 전역에서 열리는 축제이니 큰 도시에서는 성대한 퍼레이드가 펼쳐졌을 것이다. 부에나비스타의 퍼레이드는 소박하지만 열기는 뒤지지 않는다. 동네 빵집에서는 이른 아침부터 모인 사람들에게 동그란 빵을 나눠주었고, 학교 선생님들은 따뜻한 라테를 만들어 컵에 따라주었다. 퍼레이드가 끝날 때쯤 새벽이 밝아왔고 아름다운 불꽃이 광장 하늘을 수놓았다. 정신없이 불꽃놀이를 구경하고 있는데 갑자기 내 얼굴에 흰 가루 폭탄이 날아왔다.

"으, 뭐지?"

입술에 묻은 흰 가루를 살짝 맛보니 밀가루였다. 어제 제니가 조심하라고 얘기했던 게 생각날 때쯤 또 한 방이 날아왔다. 옆에 있던 아내는 이미 눈사람이 되어 있었다. 혼자 세수하고 화장까지 하더니 샘통이다. 우리는 서로의 얼굴을 보며 웃음을 터뜨렸다. 중학교 졸업식 때 밀가루를 뿌렸던 기억이 생생한데 이렇게 지구 반대편에서 밀가루를 맞게 될 거라고는 생각도 못 했다. 어떤 아이들은 인공 눈 스프레이를 뿌리기도 했다. 밀가루 폭탄에 어떤 의미가 담겨 있는지는 모르지만 마치 12월에 내리는 눈처럼 예쁘게 보였다. 그렇게 광장에 모인 사람들은 서로에게 밀가루를 뿌리며 축제를 즐겼다.

해가 높이 뜨자 날씨는 거짓말처럼 더워졌다. 우리 집에서 광장 슈퍼마켓까지 가려면 가파른 계단을 올라야 하는데 이게 참 재미있다. 자로 딱 잰 듯한 우리네 계단과 달리 계단 높이와 폭이 제각각이어서 마치 산사山寺의 돌계단을 딛는 것 같다. '마을 골목 계단을 이렇게 주먹구구로 만드나'라고 생각한다면 당신은 이미 골목의 감각을 잃어버린 것이 틀림없다. 울퉁불퉁, 구불구불, 들쑥날쑥! 이것이 골목이 주는 자연스러운 정감이다.

우유 한 병을 사서 돌아오니 루이스가 우리 집 현관 앞에 난간을 만들어준다며 분주하게 줄자를 대고 있었다. 내 친구 루이스! 마을 음악 선생님이자 부에나비스타 시의 홍보물 제작자이자 레크리에이션 강사인 루이스가 지금은 전기 용접을 하고 있다. 대체 이 친구의 직업은 몇 가지란 말인가. 나중에 내 친구 루이스를 다시 소개하겠지만 정말 흥미로운 인물이다.

집 앞 난간을 만드는 데 드는 비용은 시市에서 지원해준다. 한두 가지의 사례로 일반화하는 것은 위험하지만, 성장이 있어야 복지가 가능하다고 주장하는 우리 정치가들은 콜롬비아의 복지 정책을 한번 살펴봐주시길 바란다.

"애들은 어디 갔어?"

"옆집에서 축제에 쓸 등불 만든대."

"또 무슨 축제래?"

방금 사온 우유병을 따서 입에 대고 마시려니까 아내가 도끼눈을 뜨고 뺏더니 잔에 따라준다.

"12월 7일이 등불 축제하는 날이래. 크리스마스까지 온 마을을 등불로 꾸미나 봐."

"그런 건 시에서 다 해주지 않나?"

"여보세요, 여긴 부에나비스타랍니다."

그렇다. 이곳은 인구 3,000명의 콜롬비아 커피 마을 부에나비스타이다. 이곳의 축제는 구경이 아니라 참여가 핵심이다. 이곳의 축제는 남의 일이 아니라 바로 내가 할 일이다.

자르고 붙이고 자르고 또 붙이고.

옆집에서는 미술 공예가 한창이었다. 페르난도는 웃통을 벗어젖힌 채

두꺼운 도화지를 길게 잘라서 큰딸 타니아에게 건네주었다. 타니아는 종이에 예쁘게 꽃잎을 그리고 동생 비비안에게 건네주었다. 그러면 비비안은 꽃잎을 가운데만 남기고 칼로 오려서 엄마 제니에게 건네주었다. 제니는 도화지의 뚫린 부분에 예쁜 색지를 발라서 페르난도에게 다시 건네줬고, 페르난도는 기둥을 만들어 완성했다. 우리 가족도 이날부터 제니와 함께 종이를 오리고 색칠하고 붙였다.

이것이 페르난도 집에서만 벌어지는 풍경은 아니었다. 부에나비스타 집집마다 솜씨를 부려서 예쁜 꽃과 집과 천사와 성모마리아의 모습이 담긴 등불을 하나둘 완성하기 시작했다. 마을에는 산타 할아버지와 루돌프가 등장했고, 커피 따는 처녀와 당나귀를 끌고 가는 청년 장식물이 차례로 광장을 아름답게 밝혔다.

12월 7일 저녁.

제니는 나보고 양초를 사 오라고 했다. 드디어 온 마을에 등불이 밝혀지는 축제가 시작되는 것이다. 들쑥날쑥 울퉁불퉁한 계단을 올라 서른 개짜리 양초를 두 봉지 사 왔더니 이번에는 작은 플라스틱 컵도 필요하다고 했다. 다시 들쑥날쑥 울퉁불퉁한 계단을 오르자니 재미는 쑥사라지고 다리가 아파왔다. 돌아가면 제니에게 왜 심부름을 한꺼번에 시키지 않느냐고 따져야겠다. 가만 있자, 심부름이 스페인어로 뭐더라? 음… 이번 한 번만 참아주기로 하자.

컵에 흙을 채워서 초를 꽂고 불을 켜는 순간, 등불에 그려진 꽃은 활짝 피고 나비는 날갯짓을 시작했다. 들쑥날쑥 울퉁불퉁한 계단을 오르내리던 피로는 온데간데없고 불빛의 아름다움에 취해 행복이 몰려왔다. 집 앞 골목에 어둠이 완전히 내려앉자 페르난도는 창밖에 드리웠던 전구에도 콘센트를 꽂았다. 그 순간 내 마음속에 12월의 크리스마스트리가 환하게 켜졌다.

화려한 종이 등은 우리 집 앞에도 골목에도 계단에도 놓였다. 아랫동네 윗동네를 수놓던 종이 등이 점차 광장으로 모여들었다. 이날만큼은 거리에 자동차나 오토바이가 절대 다닐 수 없다. 마을 사람들이 만든 종이 등은 광장에 한데 모여 아름다운 불빛의 교향악을 연출했다. 이벤트 사업자가 주최하는 루미나리에 축제에서는 결코 느낄 수 없는 감동! 꿈에 취한 듯 황홀하게 등불을 구경하다 보니 낯익은 글씨가 보였다. 한글로 '커피'라고 새겨진 종이 등이었다. 많은 사람들이 그 앞에서 사진을 찍으며 즐거워하고 있었고, 누비아 선생님의 딸인 리나가 뜻을 설명하는 모습이 보였다. 우리와 눈이 마주치자 리나는 찡긋 웃어 보였다. 멀리 동양에서 온 이웃을 생각해주는 마음에 가슴이 뭉클해졌다.

종이 등 사이를 이리저리 신나게 뛰어다니던 정호가 내게 물었다.

"아빠, 콜롬비아에도 크리스마스에 눈이 와요?"

"정호는 어땠으면 좋겠어?"

"눈이 펑펑 내렸으면 좋겠어."

"그럼 우리 산타 할아버지한테 눈을 선물로 달라고 해볼까?"

"응, 이마아아안큼!"

내 마음엔 벌써 12월의 첫눈이 내리고 있었다.

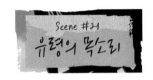

"그래, 말해봐."

그는 의자를 당겨 달빛이 비치는 창가에 앉았다. 대체 이 밤중에 누구란 말인가? 얼굴을 보려고 애를 썼지만 마치 머리를 한 대 얻어맞은 것처럼 정신을 차릴 수 없었다. 내 곁에는 아내가 깊은 잠에 빠져 있었다.

"쓸데없는 짓을 하고 있군. 지금 중요한 것은 내가 누구냐가 아니라 내가 자네에게 무슨 질문을 할 것인가야."

낮고 또렷한 목소리에서 냉기가 느껴졌다. 언제부터였는지 그의 손에는 타들어가는 담배 한 개비가 들려 있었다. 빨간 불꽃이 어둠 속에서 환하게 밝아졌다가 그의 날숨과 함께 다시 어두워졌다.

"말해봐. 월요일과 화요일은 뭐가 다르지?"

대체 무슨 뚱딴지 같은 소리인가? 오밤중에 남의 집에 들어와서 한다는 말이 월요일과 화요일이 뭐가 다르냐니. 근데 이거 왠지 낯설지 않은 질문인데?

"맞아, 자네가 읽고 있는 책『백년 동안의 고독』에 나오지."

그는 천천히 몸을 일으키더니 탁자 위에 있는 책을 뒤적거렸다.

"집시가 호세에게 똑같은 질문을 했지. 월요일과 화요일이 뭐가 다른

166

지 말이야. 물론 호세는 어제와 오늘의 차이를 증명하지 못했어. 어제가 오늘이고 오늘이 내일이거든. 그럼 1년으로 기간을 늘려볼까? 지난해와 올해는 뭐가 다르지? 자넨 마치 호세가 된 것처럼 이곳에 온 가족을 데리고 오지 않았나? 여기가 책에 등장하는 유토피아 '마콘도 Macondo'라도 되는 줄 알고 말이야. 책을 읽어봤으면 알겠지만 마콘도도 결국 썩고 병들어서 멸망하고 말아. 대체 지난해와 올해는 뭐가 다르지?"

시립 극단에 사표를 내고, 진짜 연극은 인생이라며 무대 밖으로 나와 가족들과 함께한 지도 벌써 1년이 되었다. 대한민국 곳곳으로 캠핑을 다니다가 유럽으로 떠나 7개국 3,500킬로미터를 자동차로 누볐는데, 이때가 인생에서 가장 풍요로운 시간이었다. 나를 부러워하는 사람들이 많았다. 그들은 나처럼 살 수 없는 처지를 한탄하며 술잔을 비웠다. 그런데 과연 그럴까? 나를 부러워하는 사람들 중 단 한 사람도 나보다 처지가 못한 사람은 없었다. 나보다 경제적 여유가 있고 사회적 지위가 높은 그들에게 없는 건 용기와 실행력이었다. 아무리 능력이 뛰어나도 실행하지 않으면 가능성은 '0'이다. 아무리 능력이 모자라도 마음먹고 뛰어들면 가능성은 1퍼센트에서 100퍼센트까지 될 수 있다. 하고 안 하고의 차이는 이렇게 크다. 지난 1년간 우리 가족이 얻은 게 뭐냐고? 지난해나 올해나 똑같다고? 천만의 말씀이다. 나는 치밀어 오르는 흥분을 못 참고 침대에서 벌떡 일어났다.

"자넨 아직도 내 질문이 뭔지 모르고 있군. 그럼 그렇게 과감한 결정을 내리고 실행에 옮긴 것이 자네의 욕심이 아니라 가족들을 위한 것이었다고 주장하는 건가? 천만에! 자넨 한 번도 가족을 생각해서 결정한 적은 없었네. 그저 자네가 하고 싶은 대로 결정부터 하고는 가족들에게

도 좋은 일이라며 합리화한 것뿐이지. 자, 이제 다시 질문으로 돌아가
볼까? 어제나 오늘이나, 지난해나 올해나 자넨 달라진 게 뭔가?"
그는 다시 그렇게 질문을 던지고는 어둠 속에서 나를 쳐다보았다. 형
형한 눈빛은 마치 내 심장을 도려낼 듯 날카로웠다.

얼마나 그렇게 있었을까?
창가에 희미한 햇살이 스며들기 시작했다. 머리가 깨질 듯 아팠다. 오
늘이 지나면 지구 반대편에서 낯선 새해를 맞게 된다. 그 어느 때와도
다른 새해를 맞게 되는데도 나는 여전히 그 자리에 있다는 느낌을 지
울 수 없다.
"리!"
페르난도는 특유의 시원한 목소리로 나를 불렀다. 웃통을 벗고 청바지
만 입는 게 트레이드마크인 이웃 페르난도. 그의 목소리를 들으면 늘
기분이 좋아진다. 오늘은 한 해의 마지막 날이니만큼 저녁엔 숯불에
고기를 구워 먹고 밤 12시가 되면 같이 헌 인형을 불태우자고 했다. 콜
롬비아에서는 한 해의 마지막 날, 낡은 옷가지들을 모아서 사람 모양
의 인형을 만든다. 인형은 보통 잔뜩 찌푸린 표정을 짓는데 한 해에 벌
어진 좋지 않은 일들을 상징한다. 그리고 이 인형을 태우면서 새해를
맞이하는 것이다. 불은 모든 부정과 사악을 살라버리는 정화의 상징이
다. 정월 대보름에 하는 달집태우기와 비슷해 보인다.
저녁 9시쯤 페르난도는 집 앞에서 숯불을 피우기 시작했다. 페르난도
뿐만 아니라 다른 이웃집에서도 숯불을 피우고 고기를 구웠다. 역시
이 나라 사람들은 고기를 정말 좋아한다. 우리의 떡국이 여기에서는
숯불 구이인 셈이다. 골목길 곳곳에 살사 음악이 흐르기 시작했고 제

니도 카세트 볼륨을 높였다.

본격적인 아뇨 비에호(Año viejo: 헌 해. 새해의 반대 의미) 파티가 시작되었다. 제니는 양념에 재어놓은 고기를 가지고 왔고 아내는 플라타노와 감자를 썰었다. 페르난도가 내게 럼주를 한 잔 건네주자 아내 눈치 볼 것도 없이 그대로 털어 넣었다. 오늘 하루 내내 무거웠던 머리가 한결 가벼워졌다. 정호가 슬쩍 다가와 냄새를 맡더니 인상을 쓴다.

"아빠, 이런 걸 왜 마셔?"

"씹을 수 없으니까 마시는 거야."

"그럼 난 씹을 수 있는 고기 먹어야지!"

페르난도가 잘 익은 고기를 잘라서 아이들에게 나누어주었다. 늦은 저녁인지라 아이들은 정신없이 고기를 먹었다. 반대편 옆집에 사는 넉넉한 뱃살의 알폰소가 아구아르디엔테Aguardiente를 가지고 왔다. 사탕수수로 만든 아구아르디엔테는 소주와 비슷하지만 조금 더 독하고 독특한 향이 난다. 한 잔 또 받아 마셨다.

살짝 취기가 오르니 기분이 좋아졌다. 나도 들어가서 아껴뒀던 소주 한 병을 꺼내 왔다. 아내가 도끼눈을 뜨더니 한술 더 떠 귀한 라면을 끓이기 시작했다. 페르난도와 알폰소는 소주 맛에는 엄지손가락을 치켜들었으나 매운 라면 국물 맛에는 두 손을 들고 말았다. 독주 뒤에 맥주가 나왔다. 콜롬비아의 3대 맥주인 포케르Poker, 아길라Águila, 클럽 콜롬비아Club Columbia다. 마트에서는 클럽 콜롬비아를 많이 판다. 하지만 나는 청량감이 있어 한국 맥주 맛과 비슷한 포케르를 좋아한다. 아길라는 밍밍한데 고기와 곁들여 먹을 때는 오히려 잘 어울린다. 주거니 받거니 하다 보니 주량을 넘긴 듯했다. 더 많이 마신 아내는 말짱했다. 역시 술에 있어선 나보다 아내가 강하다.

"뎅~ 뎅~ 뎅~"

광장 성당에서 종이 울리기 시작했다. 다들 술에 취하고 살사 음악에 취한 채로 헌 인형을 둔 공터로 어깨동무를 하고 걸어갔다. 나는 몸을 아내에게 기댄 채 헌 인형에 불을 놓는 모습을 구경했다. 왠지 인형의 모습이 낯설지 않았다. 순식간에 인형은 화염에 휩싸이기 시작했고 퀭하던 눈에서 불길이 일었다. 그자다! 어찌 모를 수 있겠는가? 그 형형하던 눈빛.

"리, 펠리스 아뇨Lee, feliz año!"(리, 행복한 새해!)

페르난도와 알폰소는 새해 인사를 하며 악수와 포옹을 나눴다. 나도 그들과 함께 인사를 나누었지만 정신은 점점 몽롱해졌다. 아직도 타고 있는 헌 인형의 눈을 쳐다보았다. 어젯밤 나를 잠 못 들게 한 유령이 틀림없었다.

"자넨 아직도 내가 누구인지만 궁금해하는군. 중요한 건 그게 아니야. 대체 지난해와 올해는 뭐가 다른가? 그리고 올해와 내년은 뭐가 다른가? 자넨 왜 이곳에 온 건가?"

그의 날카로운 질책이 끝나기도 전에 나는 깊은 잠에 빠져들고 말았다.

새해를 맞이할 수 있음에,
헌 해를 보낼 수 있음에
감사합니다.

에스피가 Espiga

에스피가는 벼 이삭에 돈과 빵을 장식한 것인데
우리나라 복조리와 비슷하다. 보통 컵에 쌀을 담고
그 위에 이 에스피가를 꽂아두면 1년 내내 밥을 굶지
않고 돈도 벌며 재수가 좋아진다고 한다.
새해 첫날 이웃 페르난도가 우리 집에 선물로 주었다.

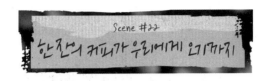

기예르모는 다리오의 동생이다. 어릴 때부터 아버지를 도와 커피 농장에서 일을 시작한 그는 뼛속까지 커피 농부다. 커피나무 모양만 슬쩍 봐도 언제 심었는지 열매는 얼마나 열리는지 다 안다. 같이 커피 농사를 짓던 다리오는 공부를 해서 전기 회사에 취직했지만 기예르모는 농장을 선택한 것이다.

기예르모가 운영하는 막달레나Magdalena 농장은 내가 일하는 산타 엘레나 농장보다 훨씬 큰데 지주는 따로 있다. 농장 옆으로 난 길을 따라 산으로 오르는데 마구간에서 잘생긴 말이 콧김을 내뿜고 있었다. 지주가 가끔 농장에 놀러 오면 타고 다닌다고 했다. 막달레나의 지주는 이런 커피 농장을 다섯 개나 더 가지고 있고, 옥수수와 오렌지 농장도 소유한 큰 부자란다.

막달레나 농장도 커피나무 네 줄에 플라타노 한 줄을 심는 협력 농법을 따르고 있었다. 플라타노는 키 작은 커피나무에 그늘을 만들어주고, 낙엽으로 거름도 만들어준다. 커피나무 사이로 커피 묘목을 심고 있는 인부들이 보였다. 2인 1조로 한 명이 땅을 파고 비료를 뿌리면 또 다른 한 명이 그 뒤를 따르면서 묘목을 심고 있었다.

가만, 비료라고? 나는 비료가 담긴 포대를 확인해보았다. 역시 화학비료였다. 우리가 흔히 말하는 비료의 3대 요소인 질소(N), 인(P), 칼륨(K)의 화학기호가 보였다. 이렇게 큰 농장에서 생산성을 높이기 위해서는 천연비료와 화학비료를 섞어 쓸 수밖에 없다고 했다. 보통 종자를 심은 후 처음 1년 정도는 햇빛을 가린 실내에서 묘목을 키우다가 야외에 옮겨 심는데, 나무에 따라 다르지만 어느 정도 수확할 수 있는 나무로 크려면 5년은 지나야 된다. 심은 지 15년에서 20년 정도 된 나무가 가장 왕성하게 커피콩을 생산한다.

규모가 작은 소작농들은 이렇게 큰 농장에서 모종을 구입해서 농사를 짓거나, 시에서 운영하는 모종 농장을 이용하기도 한다. 1,500주株에 8만 페소니까 모종 하나가 우리나라 돈으로 25원 정도인 셈이다. 이곳 막달레나 농장 커피도 잎이 크고 두꺼운 카스티요종Castillo種으로 모두 바뀌었다. 예전에 재배했던 카투라종Catura種보다 병충해에 강해서 콜롬비아의 커피 농장들이 모두 카스티요로 바꾸는 중이라고 한다.

커피나무 사이를 걸어가다가 기예르모가 커피 체리 한 알을 따서 까더니 손바닥에 작고 까만 벌레를 올려놓았다. 브로카라고 불리는 벌레였다. 과거에는 엔도설판이라는 강력 살충제를 써서 병충해가 없었지만 독성이 강해 지금은 더 이상 그 농약을 치지 않는다고 했다. 그래서 최근에 브로카가 많아졌다는 설명이었다. 요즘은 친환경적인 병충해 퇴치법을 시험 중이라면서 나뭇가지에 빨간 플라스틱 컵을 매달아놓은 것을 보여주었다. 그 속에는 알코올과 레몬즙을 섞은 용액이 담겨 있었는데 꽤 많은 벌레들이 빠져 있었다.

저녁이 되자 건너편 산으로 작업을 나갔던 농부들이 커피 열매가 가득 담긴 자루를 메고 돌아왔다. 규모가 큰 커피 농장에는 커피 과육을 벗기는 자동 분쇄 시설이 있다. 보통 2층 구조인데, 위층에 있는 깔때기 모양의 함석 통에 커피 체리를 부으면 아래층의 분쇄기가 떨어지는 커피 체리를 받아 과육과 콩을 분리한다. 단맛이 나는 커피 과육은 따로 모아서 볏짚과 섞어 발효시킨 후 비료로 쓴다. 과육을 그냥 하천에 버리거나 야외에 산더미처럼 쌓아두면 고약하게 썩어서 환경오염을 일으키기 마련이다.

농부들은 각자 수확한 커피를 저울에 올려 무게를 달고는 함석 통에 붓는다. 이때 기예르모가 장부를 가지고 와서 각 농부가 작업한 양을 기록했다가 무게에 따라 일당을 지급한다. 보통 숙련된 커피 농부들이 따는 커피 체리의 양은 하루에 약 50킬로그램인데 우리나라 돈으로 2만 원 정도의 일당을 받는다. 무더위 속에서 하루 종일 산길을 오르내리며 커피를 따서 받는 대가치고는 결코 많지 않은 셈이다.

커피 시장에서는 보통 분쇄기를 거쳐 물로 세척한 커피를 고급으로 쳐준다. 물이 별로 좋지 않은 농장에서는 커피 체리를 햇볕에 널어 말린다. 4주 정도 지나면 커피 체리가 검게 말라서 부슬부슬해지는데 이걸 그냥 까서 커피콩을 발라내는 방식이다.

며칠 후 산타 엘레나 농장에서도 커피 체리를 수확했다. 산에는 모기가 많기 때문에 모자를 쓰고 토시를 끼고 얼굴까지 감쌌다. 지름이 60센티미터 정도 되는 플라스틱 통 둘레에 구멍을 뚫어 밧줄을 꿰고는 허리에 묶었다. 녹색 체리는 놔두고 빨갛고 노랗게 잘 익은 체리는 손으로 일일이 땄다. 통에 커피 체리가 가득 차면 가지고 온 자루에 옮겨 담고 다시 체리를 땄다. 땀이 흘러 눈이 따가웠다. 따다가 쉬고 따다가 쉬고. 하지만 다른 농부들은 결코 쉬지 않았다. 같은 커피 농부였지만 커피 따기는 내겐 체험에 가까웠고 그들에겐 생계였기 때문이다. 잠시 쉬는 시간에 농장주 리카르도가 레몬 음료를 갖다 주었다. 너그러운 웃음에 주름이 깊이 팬 선배 농부가 내게 먼저 잔을 건네주었다. 사양하지 않고 고마운 마음으로 단번에 마셨다. 시원하고 달았다. 작업이 끝난 후 내가 딴 커피 체리를 선배 농부에게 다 주었다. 선배 농부 역시 마다하지 않고 웃으며 내 손을 잡았다. 거친 농부의 손을 닮아 내 손도 새까맣게 물들었다. 시큼한 땀 냄새. 바로 이것 때문에 나는 책을 덮고 지구 반대편까지 날아왔나 보다.

어디서부터 시작일까?

커피 씨앗? 커피 씨앗은 커피 열매 안에 있으니까 커피 열매? 그럼 커피나무? 커피 묘목? 다시 커피 씨앗?

역시 생각의 끝은 '닭이 먼저냐? 계란이 먼저냐?'가 되었다.

무엇이 먼저가 되었든 자연의 순환에서 벗어나야만 우리가 마시는 커피가 될 수 있다. 커피 열매가 땅에 뿌리를 내린 뒤 힘차게 쌍떡잎을 펼칠 때 비로소 속껍질인 파치먼트가 벗겨진다. 그러면 커피 묘목이 되고, 커피 묘목은 뜨거운 남미의 태양을 머리에 이고 잎을 옆으로 늘어뜨리며 자란다. 그렇게 1년의 세월이 흐르면 커피나무는 가지에 하얀 커피꽃을 피운다. 그러나 커피꽃은 열매의 등쌀을 이기지 못하고 이내 그 자리를 내준다. 작고 푸르게 시작한 열매는 크고 붉게 변하여 커피 농부를 만난다.

커피 농부의 손으로 전해진 열매는 이제부터 자연의 순환에서 벗어나기 시작한다. 자루에 담긴 커피 열매는 저장고로 옮겨지고, 껍질과 과육을 떼어내고, 뜨거운 햇살을 만나러 가기 전 욕조에 담겨 마지막 목욕을 한다. 그리고 다음 날 지붕 위에 올라가서 남미의 햇살과 바람을 느끼며 서서히 죽어간다. 같은 햇살과 바람이지만 땅에 뿌리를 내리고 있을 때와는 전혀 다르게 느껴질 것이다. 커피 열매 아니 커피 씨앗은 더 이상 땅에 뿌리를 내릴 수 없음을 햇살과 바람이 알려준다. 뿌리를 내리고 있을 때 그토록 반갑던 비가 내린다. 하지만 지붕이 닫힌다. 이제 더 이상 비를 즐길 수 없다.

며칠이 지났을까? 커피는 또 하나의 옷인 파치먼트와 분리되어 아주 먼 곳으로 여행을 한다. 어떤 커피는 카리브 해를, 어떤 커피는 대서양을, 어떤 커피는 태평양을 건너기도 할 것이다. 기다림 또 기다림. 한참을 기다린 커피는 이제 165도의 뜨거운 드럼통으로 들어가 온몸을 태우고 이제 마지막 속옷인 실버스킨마저 벗어 던진다. 물론 건강한 커피만이 여기까지 올 수 있다. 작거나 깨지거나 썩은 커피에게는 황홀한 커피 향을 풍기며 검게 탈 자격조차 주어지지 않는다.

"아메리카노 한 잔 주세요."
드디어 커피는 가루로 부스러져 뜨거운 물을 만난다. 지금까지 지니고 있던 모든 향과 에너지는 물에 녹아든다.
"주문하신 아메리카노 나왔습니다."
"커피 향 좋은데요. 어디 커피예요?"
"콜롬비아 커피입니다."

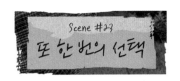

Scene #23
또 한 번의 선택

웅~~ 웅~~

휴대전화 진동에 잠이 깼다. 문자가 여러 통 와 있었다. 새벽 6시. 아직 창밖은 깜깜하다. 한참 동안 이불 속에서 꼼지락거리다가 불을 켜고 책상 앞에 앉았다. 또 한 번 웅~~ 하고 휴대전화가 몸을 떨었다.

'재선 씨, 방송 잘 봤어요. 정호가 귀엽던데요^^'
'재선아, 나도 커피 좋아한다. 올 여름에 같이 가자!!!'
'근데 제수씨 놔두고 니 혼자 온기가? 자유네 자유ㅋㅋㅋ'

어젯밤 1시에 방송된 〈콜롬비아 적응기〉를 보고 온 문자들이었다. 정작 나는 졸음을 이기지 못해 리모컨을 손에 쥔 채 잠들고 말았는데, 그 늦은 시간에도 꽤 많은 사람들이 방송을 봤나 보다.

노트북을 켜고 메일도 확인하고 포털 사이트에 올라온 기사도 읽었다. 어제 서울의 체감 온도가 무려 영하 20도였다는데 오늘도 날씨가 꽤 춥다는 예보가 들린다. 아, 따뜻한 콜롬비아가 그립다!

배가 고파 라면 하나를 끓였다. 냉장고에서 계란도 하나 꺼내 풀어 넣었다. 맛있는 냄새. 후루룩 한 젓가락을 입안에 넣었다. 막내 정호는 라면이라면 사족을 못 쓴다. 콜롬비아에 있을 때는 라면이 귀해서 특별한 날에만 먹었다. 아니 라면 먹는 날이 특별한 날이었다고 하는 게 맞겠다. 국물을 한 모금 마시니 아들 생각이 더 간절하다.

"아침부터 무슨 라면이고?"

달그락대는 소리에 잠이 달아났는지 어머니께서 핀잔을 주셨다. 그런데 표정은 한없이 밝아 보인다. 1년 가까이 못 보던 아들이 왔으니 얼마나 든든하시겠는가? 괜찮다고 하는데도 어머니는 냉장고에서 이것저것 반찬을 꺼내시고 밥도 퍼주신다.

"좀 이따 마트에 설날 선물 좀 사러 가자."

"예, 오랜만에 같이 장 보러 가입시다."

어머니는 아들을 다시 만났고 나는 아들을 떠나왔다. 내가 아들을 만나러 가면 어머니는 아들을 다시 떠나보내야 한다.

대형 유통 매장은 명절을 앞두고 장을 보러 온 사람들로 가득했다. 채소 코너에는 신선함을 유지하기 위해 냉기가 흘러나왔고, 양배추가 반쪽씩 깔끔하게 랩으로 포장되어 있었다. 풋고추에는 원산지가 일일이 다 찍혀 있었고, 시식 코너에서는 갓 볶은 버섯을 공짜로 맛볼 수도 있었다. 계산대에서는 쉴 새 없이 영수증을 토해내고, 고객들은 부지런히 포인트를 적립한 후 카트를 밀고 주차장으로 나갔다. 편리함의 극치! 하지만 내게는 낯선 풍경으로 다가왔다.

지난해 7월. 콜롬비아에서 머문 지도 10개월이 다 되어가던 어느 날. 우리 가족은 부에나비스타에 있는 작은 마트에서 저녁 찬거리를 사고 있었다. 화려하게 눈을 끄는 진열대도 덤으로 주는 묶음 상품도 없다.

바코드 계산기도 적립 카드도 없는 대신 파란색 유니폼을 입은 점원들의 수다를 포인트로 왕창 받을 수 있는 곳. 그런 산골 마을의 작은 마트가 내게는 더 익숙하다.

그날따라 천장의 네모난 창문이 눈길을 끌었다. 콜롬비아에는 추운 겨울이 없기 때문에 건물을 지을 때 단열 공사가 필요 없다. 그래서 천장이 지붕이고 지붕이 천장이 되는 경우가 흔하다. 산골 마을 작은 가게도 얇은 슬레이트 지붕이 천장을 대신했는데 구멍을 두 개 뚫어 유리창을 덧대놓았다. 자연스럽게 햇빛이 가게 안을 환하게 채워서 낮에는 형광등을 켜지 않는다. 여기에 비한다면 한국의 쇼핑 문화는 분명히 조명 과잉에 포장 과잉이다.

과자를 진열해둔 곳에서 정호가 한 손으로는 과자 봉지를 다른 한 손으로는 콜라를 집어 들고 있었다. 아내 기준에서 보면 저건 분명 소비 과잉이다. 평소 같으면 단호하게 빼앗을 텐데 오늘은 아내가 말없이 계산하고는 마트를 나왔다. 얼떨결에 찾아온 행운에 정호는 팔짝팔짝 뛰며 어쩔 줄 몰라 했다. 아내는 광장 벤치에 앉더니 드디어 입을 열었다.

"갈 거야?"

"갈 때는 됐지."

"진짜 갈 거냐고?"

이 정도면 가기 싫다는 거다. 말도 안 통하는 곳에서 1년 동안이나 어떻게 사냐고 펄쩍 뛰던 아내가 이젠 돌아가기 싫다고 한다. 인터넷도 느리고 백화점도 없는 산골 마을을 떠나기 싫다고 한다. 하지만 딱히 더 머무를 이유를 찾지 못하는 것이다. 그리고 내가 그 이유를 찾아주기 바라는 것이다. 나는 한동안 말을 하지 못했다.

그때 정호가 콜라병을 입에 물고 다가왔다.

"엄마, 나 한국에 있을 때 콜라를 안 먹어서 가려웠나 봐."

아토피를 앓았던 정호는 부에나비스타에 와서 거짓말처럼 말짱해졌다. 그래서 못 먹던 탄산음료도 마실 수 있게 됐고 땀 흘리며 마음껏 뛰어놀 수도 있었…. 순간 아내와 나는 동시에 정호를 바라보고 다시 서로를 바라보았다. 이 정도면 이곳에 더 머무를 이유를 찾은 셈이었다.

"딱 1년만 더 있자."

"그래, 우리 딱 1년만 더 있기로 하자!"

"아니, 당신은 한국 가야지."

"뭐?"

"돈 벌어야지."

플랜 B.

계획이란 원래 바뀌는 법이다. 갑자기 할 일이 많아졌다. 제일 먼저 해야 할 일이 비자 연장 신청이다. 외국인 비자를 연장하려면 보고타에 가야 한다. 버스 타고 열 시간 동안 굽이굽이 산길을 가야만 하는 것이다. 다리오의 사위 윌리암이 보고타에 이모 집이 있다며 함께 가자고 따라나섰다.

분명히 보고타에 처음 왔을 때는 한 나라의 수도답지 않게 변두리 같다고 생각했었는데, 부에나비스타 산골 마을에서 살다가 다시 와 보니 정신없을 정도로 화려하다. 센트로 북쪽에 있는 콜롬비아 정보부DAS는 이른 아침인데도 사람들로 북적였다. 대기표를 뽑고 세 시간이나 기다려야 했다. 이곳 업무는 오전에 끝나는데, 아침에 느긋하게 왔더라면 다음 날 다시 와야 했을 것이다.

담당 직원은 앉아 있는 의자가 좁아 보일 정도로 체격이 컸다. 내가 제

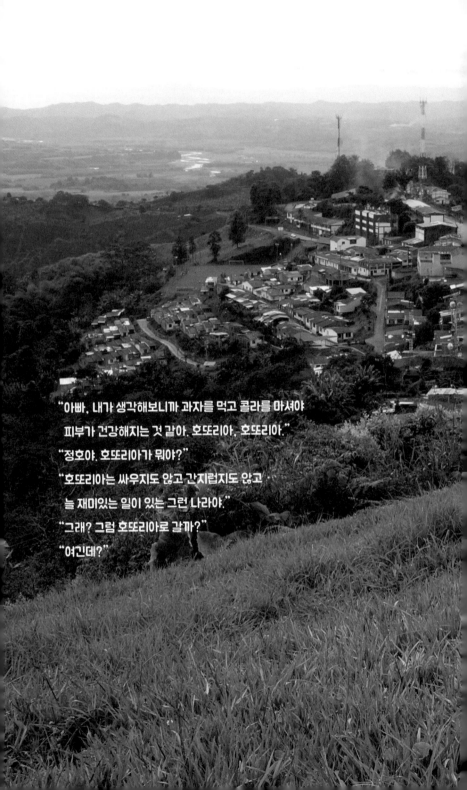

"아빠, 내가 생각해보니까 과자를 먹고 콜라를 마셔야
피부가 건강해지는 것 같아. 호또리아, 호또리아."

"정호야. 호또리아가 뭐야?"

"호또리아는 싸우지도 않고 간지럽지도 않고
늘 재미있는 일이 있는 그런 나라야."

"그래? 그럼 호또리아로 갈까?"

"여긴데?"

출한 서류를 살펴보더니 고개를 저으며 빠른 스페인어로 몇 가지 서류가 빠졌다고 했다. 그런데 음악 소리 때문에 주위가 너무 시끄러워 어떤 서류를 말하는 것인지 알아들을 수가 없었다. 대체 누가 관공서에서 휴대전화 스피커로 음악을 크게 듣는 거야?

윌리암이었다. 내가 비자 연장 인터뷰를 하는 내내 살사 음악을 크게 틀어서 듣고 있었는데 희한하게도 사무실 안 그 누구도 음악을 끄라거나 볼륨을 줄이라고 말하지 않았다. 담당자에게 다시 한 번 천천히 말해달라고 했더니 가족 관계 증명서와 은행 잔고 증명서가 더 필요하다고 했다. 가족 관계 증명서야 인터넷에서 발급받으면 되는데 은행 잔고 증명서는 어떻게 받나?

"리, 에스 무이 파실Lee, es muy fácil." (리, 아주 쉬워.)

어느새 윌리암이 창구 곁에 와서 별것 아니라는 듯이 나를 밖으로 이끈다. 그러고는 건너편 상가의 시티은행 현금 인출기에서 5만 페소를 인출한 뒤 거래 명세서를 그냥 내라는 것이다. 그게 서류가 된단 말인가? 된다!

살면서 우리는 수많은 선택을 한다. 그 선택으로 울기도 하고 웃기도 하면서, 가지 못한 길에 대한 후회와 아쉬움을 안고 살아간다. 우리 가족도 또 한 번의 선택을 했다. 하지만 후회는 하지 않을 것이다. 선택에 좋고 나쁨이 있는 것이 아니라 선택한 후에 어떤 삶을 살았느냐가 중요하니까.

아빠, 같은 반 친구들이야.
둘 중에 누가 더 예뻐?

놀 시간과 놀 친구들이 있으면
그게 가장 좋은 시절!

신선하고 맛있는 콜롬비아
커피 사세요.

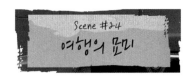

Scene #24
여행의 묘미

우연처럼 가볍게 선택한 일이 필연처럼 삶의 방향을 바꾸기도 한다.
우리 가족에게는 1년간의 콜롬비아 여행이 그랬다.

정희 어머니.

어머니 오냐.

정희 잘 지내시죠?

어머니 그래, 아가. 별일 없제?

정희 네, 별일 없어요. 어머니, 애들 보고 싶으시죠?

어머니 애들도 애들이지만 우리 며느리가 더 보고 싶네.

정희 어머니….

어머니 와, 무슨 일 있나? 이제 볼 때 다 되었잖나. 아가, 와?

정희 조금만 더 참으셔야겠어요….

어머니와 장모님께 변경된 계획을 말씀드리니 돌아오는 대답은 약속
이나 한 듯 같았다.
"그래, 너희 생각이 그러면 그렇게 해야지."

콜롬비아에 올 때도 그랬지만 돌아갈 때도 유럽을 경유해야 한다. 귀국에 맞춰 런던을 여행하기 위해 스탑오버를 해놓았었다. 런던에서의 3주. 하지만 귀국은 나 혼자 하게 되었다. 우선 숙소부터 잡아야 한다. 무지하게 비싸군. 성수기면 성수기지 '극 성수기'는 또 뭐야? 6인실 침대 하나에도 하루 40파운드, 샌드위치 하나에 5파운드. 무서운 런던 물가. 3주면 대체 얼마야? 이건 너무하잖아…. 다시 인터넷으로 런던의 숙소를 검색하다 말고 고개를 저었다. 아니야, 이번엔 나 혼자니까 또 다른 길이 있을 거야.

알람 소리에 눈을 떴다. 생각보다 훨씬 가깝게 보이는 천장이 낯설다. 스태프용 휴대전화에서 계속 알람이 울린다. '닥쳐!' 한마디에 알람이 조용해지는 스마트폰 어플은 없을까? 아침 7시. 눈을 비비며 2층 침대에서 내려왔다. 6인실의 방문을 열고 좁은 계단을 지나면 반지하를 개조해 만든 주방에 다다른다. 내가 제일 먼저 해야 할 일은 지난밤 만들어둔 짜장을 데우고 냉장고에서 김치와 피클을 꺼내고 대형 전기밥솥에 있던 밥을 먹기 좋게 옮긴 뒤 식기를 준비하는 것이다.

뉴 크로스 게이트역에서 도보로 10분 정도 거리. 100년은 족히 넘어 보이는 이층집이 내가 3주 동안 묵으며 일해야 할 곳이다. 게스트하우스 아르바이트는 숙식도 해결하고 용돈도 벌 수 있는 일석이조의 카드였던 것이다.

"오늘 어디 가세요?"

투숙객들이 아침에 가장 많이 하는 인사다. 사람들만 바뀔 뿐이지 시작은 똑같다. 그다음 내용도 순서만 조금 다를 뿐인데, 어디가 좋으니 같이 가자거나 어떤 뮤지컬이 재미있더라는 이야기가 라디오 방송처럼 게스트하우스 전체에 되풀이된다. 그러고는 거실 벽에 붙여둔 지도 앞에 옹기종기 모여서 그날의 동선을 짠 후 어김없이 주방으로 와서 물통을 채운다. 이때가 게스트하우스 스태프들이 가장 바쁜 시간이다. 거실과 주방을 정리하는 동시에 여행객들이 던지는 질문들을 소화해야 한다. 주로 런던 시내 교통편이나 맛집 등을 물어본다.

난들 아나? 스태프로 일하고 있지만 런던 온 지 얼마 됐다고 그걸 설명할 수 있을까? 하지만 내게는 게스트하우스 사장이 준 매뉴얼이 있다. 버킹엄 궁, 런던아이, 빅벤, 타워브릿지, 피커딜리 서커스 등 런던의 주요 관광지는 버스 노선별로 지도 한 장에 잘 정리되어 있다. 프로이트 생가나 서머싯 하우스 안에 있는 코톨드 갤러리 무료 개장 시간 등 좀 더 어려운 질문은 게스트하우스 사장이 직접 대답해준다.

10시쯤 되면 여행객 대부분이 집을 나가는데 이때 내일 아침에 먹을 음식을 준비한다. 오늘 메뉴가 짜장에 계란국이었으니 내일은 제육덮밥에 미역국, 모레는 카레, 글피는 닭볶음탕 순서로 돌아간다. 요리도 생각보다 쉽다. 정해진 조리법대로만 따라 하면 되고 맛은 조미료가 담당한다. 이 모든 게스트하우스 운영의 기술이 한 권의 노트에 담겨 있는데 이 집의 소중한 보물이 아닐 수 없다. 물론 나에게도.

저녁이 되자 게스트하우스로 돌아온 여행자 중 한 사람이 거실 가운데 있는 텔레비전을 켰다. 뉴스에서는 브리티시 억양의 영어를 쏟아낸다. 난 분명 런던에 있다. 발상의 전환이 나를 공항이 아니라 여행자들과 함께 거실에 있게 했다. 한국으로 가는 길에 말이다.

가난한 여행자들에게 게스트하우스는 오아시스나 다름없다. 이곳에서 지친 몸을 누이고 허기진 배를 채우고 이야기꽃을 피운다. 내가 일하

게스트하우스 스태프가 챙겨야 할 중요한 물건들.
여행객 픽업을 위한 전화기, 열쇠,
그날 스케줄을 적은 메모지, 그리고 다용도 손수건.

이 도미토리에서 얼마나 많은 청춘들이
꿈을 그리고 갔을까?

던 게스트하우스에서도 여행자들은 매일 밤이면 영국식 정원에 모여 앉아 맥주를 마셨다. 그리고 거기엔 늘 이야기꾼이 있기 마련이다. 오늘은 야구 모자를 쓴 대학생이 주인공이다.

"작년에 벨기에를 갔었는데 그랑플라스에서도 '오줌 누는 소년'을 못 찾겠더라고. 시청 옆에 있다던데."

"시청사 옆길로 쭉 나가면 좁은 골목에 있어요. 되게 작던데…. 난 초콜릿 박물관하고 맥주 박물관에 들어가고 싶었는데 너무 비싸서 그냥 인증샷만 찍고 왔어요."

듣고 있던 짧은 머리 여학생이 대답했다.

"그런데 말이지 여기저기 헤매다 보니까 우연히 '오줌 누는 소녀' 상을 찾았다니까."

"오히려 소녀 상 찾기가 힘들다던데 형님은 더 보기 드문 걸 구경하고 오셨네요. 부럽습니다."

꽁지 머리를 묶은 남학생이 맥주 캔을 따며 맞장구를 쳤다. 신이 난 야구 모자는 가게에 콜라를 사러 갔다가 생오렌지로 주스를 짜주는 걸 보고 한 병 샀는데 세상에 그렇게 맛있는 주스는 처음 마셔봤다며 너스레를 떨었다. 드디어 야구 모자의 시선이 내게로 향했다. 런던 게스트하우스 스태프의 여행 내공이 궁금한 모양이었다. 싱긋 웃으며 내게 벨기에를 가봤냐고 물었다.

"예, 뭐 잠시…. 브뤼셀 있을 때 신체극 극단 매니저랑 만난 적이 있거든요."

떠들썩하던 분위기가 일순간 조용해졌다. 야구 모자도 눈이 동그래졌다. 짧은 머리 여학생이 궁금하다는 듯 생글거렸다.

"신체극이요? 마임 같은 건가 봐요?"

"예, 패밀리 플로제라고 독일 가면극 팀인데 마침 벨기에 공연이 있어서 인사를 나눴어요."

"아저씨도 배우세요?"

꽁지 머리가 호기심 어린 눈으로 내게 물었다.

"배우였지요. 하지만 지금은…."

내 대답이 끝나기도 전에 거실에서 스태프를 찾는 소리가 들렸다. 나는 크게 대답하고 자리를 떠나야만 했다. 등 뒤로 수근거리는 소리가 들렸지만 야구 모자의 목소리는 없었다.

거실에도 이야기꽃이 피었다. 이곳의 이야기꾼은 골드미스다. 동생과 함께 여행 온 골드미스는 거실 식탁에 앉아 한 손에 커피믹스를 잔뜩 들고 내게 말했다.

"아저씨 커피포트에 전원이 안 들어와요."

이럴 경우 십중팔구 접촉 불량이다. 전원 코드를 다시 꽂았다. 어제 런던에 도착한 골드미스가 다시 이야기를 이어갔다.

"나는 런던 스타벅스가 세계에서 제일 맛있더라. 바닐라라테에 샷 추가하면 최고지."

골드미스의 동생이 발그레한 얼굴로 커피 물이 끓기를 기다리며 이야기를 받자 거실에 있던 다른 여행자들도 제각기 좋아하는 커피를 말하기 시작했다. 다시 골드미스가 이야기 주도권을 잡았다.

"아, 정말 드립커피가 그립다. 믹스 말고."

문득 콜롬비아에서 가져온 생두와 드립 도구가 생각났다.

여행 중 뜻하지 않은 행운을 만나기란 어렵다. 하지만 여행 중 뜻하지 않은 행운을 주기란 더욱 어렵다. 나는 주저하지 않고 프라이팬을 꺼

수많은 역할.
무대에서도, 사회에서도….
연극할 때 분장실에서 늘
나의 본모습은 무엇인가 고민하곤 했었다.
과연 본모습이란 게 있기는 한 걸까?

내서 원두를 볶기 시작했다. 냄새를 맡은 여행자들이 자리에서 일어나 내게로 다가왔다.

"어머, 팬으로 볶아요?"

"시티(City: 커피를 중간보다 조금 더 강하게 볶는 정도)로 볶나요? 난 프렌치 로스트(French roast: 쓴맛이 진하게 날 만큼 강하게 볶는 정도)도 좋던데."

"어, 그라인더가 후안 발데스네! 남미 다녀오셨어요?"

쏟아지는 질문에도 프라이팬에서 눈을 뗄 수 없었다. 이미 커피콩이 한 번 탁탁 터졌으니 주의 깊게 보지 않으면 완전히 타버린다.

"잠시 콜롬비아에서 커피 농사를 도와줬어요."

"아저씨 남미 커피 농사꾼이셨어요?"

그때부터 게스트하우스는 커피 하우스로 변했다.

밤 12시. 런던의 여름밤이 깊어가면 게스트하우스의 단기 여행자들은 하나둘 자리를 뜬다. 아침 일찍 관광을 나서거나 다른 나라로 떠나야 하기 때문이다. 조그마한 정원에는 빨랫줄이 걸려 있고 편의점에나 있을 법한 야외 탁자에는 얼음이 다 녹은 아이스커피가 두 잔 놓여 있다.

"터키에서 만난 누나를 이탈리아 베니스에서 또 만난 거예요."

저녁 내내 다른 여행자들의 이야기를 듣고만 있던 뿔테 안경 남자가 견디기 힘들었는지 속마음을 털어놨다.

"노을이 창가에 가득 비치는 카페에서 누나가 먼저 마음을 보이더라고요. 근데 제가 그날 저녁 파리행 비행기를 타야 했거든요."

"그래서요?"

"그래서…."

여행은 그런 것이다.

사람들은 똑같은 풍경, 똑같은 얼굴, 똑같은 이야기에 지쳐 낯선 곳으로 떠난다. 낯선 풍경에 감탄하고 낯선 음식에 황홀해한다. 그리고 낯선 만남에 용기를 내어 비밀을 털어놓기도 하고 새로운 비밀을 만들어가기도 한다. 여행자의 일상은 낯선 사람들에게는 그 자체로 비밀일 수밖에 없다.

스태프 아저씨 배우라며? 아니야, 커피 농사짓는다던데? 무슨 소리야, 유럽에 있는 캠핑장은 다 돌아다니며 여행기를 쓴다는데. 근데 왜 여기서 일한대? 무슨 사연이 있을까? 저 사람 대체 정체가 뭐야?

런던에서의 3주는 내 삶을 완벽히 비밀스럽게 만들어주었다. 그때 누군가 내게 '너는 누구냐'라고 물었다면 나는 이렇게 대답했을 것이다. 당신이 상상하는 바로 그 사람이라고.

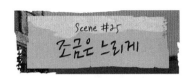

Scene #25
조금은 느리게

햇살이 눈부시다.

현관 앞 의자에 앉아 다리를 쭉 펴본다. 그늘에 잠긴 몸은 춥고 양지에 나온 다리는 따뜻하다. 바르르 떨리는 게 감기에 걸릴 것만 같다. 아이들은 신이 나서 어쩔 줄 모른다. 아내는 옥수수차를 끓여 물통에 따르고 누비아는 바나나와 빵을 비닐봉지에 담는다. 소풍 가는 날은 어른들도 즐겁다. 다리오가 윌리스를 몰고 우리 집 앞 언덕까지 와서 경적을 울린다. 준비는 다 됐지? 나도 이제 슬슬 나가볼까. 의자를 벽 쪽으로 밀고 일어서는데 아내가 내게 미소를 지으며 묻는다.

"어디 가려고?"

"막달레나 농장에 놀러 간다며?"

"그건 우리만 가는 거야. 당신은 돈 벌어야지."

아내는 통장을 흔들어 보이며 나를 다시 의자에 주저앉힌다. 정호는 내게 파이팅을 외치고 소영이는 클라리넷으로 응원가를 들려준다. 그런데 클라리넷에서 마림바 소리가 난다. 소영이의 모습이 윌리스와 함께 저만치 멀어지는데도 마림바 소리는 멈추지 않는다.

"에취!"

한바탕 재채기와 함께 눈을 떴다. 몸부림 때문에 이불이 발끝에 겨우 걸쳐져 있었고 베개 옆 휴대전화에서는 마림바 알람이 울려대고 있었다.

"콜록 콜록!"

재채기에다 기침까지. 콧물은 줄줄 나고 목은 따갑고 몸은 으슬으슬 춥다. 몸살감기다. 환절기 때문이 아니라 '환대륙' 때문이다. 따뜻한 나라 콜롬비아에서 겨울이 한창인 한국으로 온 탓이다. 지난 1년 동안 추위에 대한 면역력을 완전히 잃은 게 틀림없다.

1년 365일 초여름 날씨인 부에나비스타. 계절이 바뀌지 않으면 시간도 느리게 흘러간다. 어떤 때는 멈춰 있는 것처럼 느껴지기도 한다. 그런데 한국에 돌아오니 모든 게 빠르게 돌아간다. 바쁘게 움직이며 많은 일을 하고 있는데도 늘 쫓기는 기분이 든다.

그냥 가족들과 많은 시간을 보내고 여행하고 내가 좋아하는 일을 하면서 살 수는 없을까? 별로 어려울 것도 없어 보이는데, 대한민국에서 그렇게 살기란 이상理想에 가까운 일이다. 한 손엔 '이상'을 다른 한 손엔 '현실'을 들고, 머리엔 '가족'을 얹은 채 외줄 타기를 하는 이 시대의 가장들! 나 또한 그 아슬아슬한 외줄 타기에서 자유롭지 못하다. 지난 1년간 완전히 이상에 치우친 삶을 살았으니 언제 줄에서 떨어질지 모르는 일 아닌가. 그러니 일하러 나가야 한다. 에취! 으, 이놈의 감기.

햇살이 가득하던 집 앞 도로가 어두워졌다.

편도 3차선밖에 안 되는 도로 한가운데에 거대한 기둥들이 빼곡히 들어서서 모노레일 구조를 받치고 있었다. 대구 도시철도 3호선은 사람들의 편리한 발이 되어줄 것이다. 대신 그 대가로 소중한 햇살을 내놓아야만 한다. 편리를 얻기 위해 햇살을 팔다니, 악마의 계약이 아닌가! 그리스 신전의 열주列柱는 아름답지만 도시철도의 줄기둥은 위협적이다.

그리스 아테네에서 볕을 쬐고 있던 철학자 디오게네스. 그 앞에 서서 존경을 표하며 친히 말을 건넨 알렉산더 대왕.

"쾌락을 멀리하고 간소한 생활을 추구하는 선생의 철학은 참으로 심오하다 할 수 있겠소. 과인이 선생에게 상을 내리고 싶은데…."

"…"

"어려워 말고 대답해보시오. 소원이 무엇이오?"

이때 감고 있던 눈을 뜨며 디오게네스가 한마디 한다.

"좀 비켜주지? 햇빛 가리지 말고."

부에나비스타에서도 도로 공사를 한다. 마을 광장에서 전망대 쪽으로 가는 길은 제법 험한 편인데 우기가 끝나면 산자락을 따라 난 길에 토사가 쌓인다. 그러면 시에서 3개월 정도 공사를 한다. 우리나라 같으면 빗물에 더 이상 흙이 쏟아지지 않게 돌망태를 씌우거나 콘크리트로 산허리의 숨통을 틀어막겠지만 여기서는 그냥 도로에 쏟아진 흙과 풀을 치우기만 한다.

그러니 장비는 단순하다. 삽과 외발 수레와 빗자루가 전부다. 게다가 도로 공사라 하더라도 토사 방지 공사가 아니니까 당연히 이듬해 우기가 지나면 토사가 쌓일 것이다. 그러면 또 도로에 쏟아진 흙을 치우고 청소하는 것이다. 이 무슨 무식한 공사인가?

처음엔 답답한 나라, 어리석은 대처라고 생각했다. 그런데 공사 인부 중에 누군가 반갑게 인사하는 소리가 들렸다. 산타 엘레나 커피 농부 엑토르의 아내 플로르였다. 안전모를 쓰고 주황색 작업복 입은 모습이 제법 잘 어울렸다. 쉬는 시간인지 내게 아구아 파넬라 한 잔을 들고 다가왔다. 엑토르는 큰 농장에서 인부로 일하지만 아내 플로르는 엄마와 함께 조그만 가족 농장에서 커피를 키운다.

"매년 이맘때면 여기 도로 공사 일을 해요. 오전에만 하는데도 벌이가 괜찮아요."

활짝 웃는 플로르의 모습에 내 얼굴은 붉어졌다. 세상 모든 일을 머리로만 생각하고 판단했던 내가 부끄러웠다. 그러고 보니 공사 책임자 두어 사람을 제외하고는 인부 모두 마을 사람이었다. 소작농 벌이가 넉넉할 리 없는데 이런 일자리는 가뭄에 단비일 것이다. 한 달에 우리 돈으로 30만 원 정도 받는다니까 남편 엑토르가 농장에서 한 달 내내 커피콩을 수확해야 벌 수 있는 돈과 맞먹는다. 머리로는 이해 안 되는 부에나비스타의 공사 방식이 가슴을 따뜻하게 만들어주니 내가 갖고 있던 지식은 참 쓸모없는 것 아닌가.

하루 일을 끝내고 저녁 먹는 자리.

일행 넷이 자리에 앉자마자 스마트폰을 꺼내 든다. 종업원이 주문을 받으러 온다. 일행은 스마트폰에서 눈도 떼지 않고 늘 먹던 메뉴를 시킨다. 요즘 재미있는 영화가 뭔지 물어봐도 단답으로 끝난다. 그러고는 SNS로 열심히 채팅을 한다. 눈앞에 사람이 있는데도 어디 있는지도 모르는 다른 사람과 대화를 나눈다. 옆자리 테이블도 사정은 마찬가지다. 머쓱해진 나도 전화기를 꺼내 든다. 그래 봤자 별수 없다. 한국에 돌아온 지 얼마 되지 않아서 내 전화기는 그냥 피처폰이니까.

집으로 돌아오는 길. 아파트 입구 경비실은 불이 꺼진 채 굳게 닫혀 있고, 새로 단 자동문에서 나오는 기계음이 차갑게 나를 맞는다. 온기가 전혀 없다. 엘리베이터 문이 닫히기 직전에 중년 남자 한 사람과 중학생이 올라탔다. 나는 반갑게 인사한다. "안녕하세요?" 중년 남자는 무표정하게 고개를 살짝 끄덕였고, 중학생은 귀에 이어폰을 꽂고 스마트폰만 바라볼 뿐 반응이 없다. 15층까지 오르는 동안 나와 눈을 맞춰준 것은 엘리베이터 안 거울뿐. 문득 부에나비스타에 있는 우리 집 앞 골목이 그리웠다. 하루에도 수십 명이 그 앞을 지나가는데 말을 걸지 않는 사람은 아무도 없다.

빠르고 합리적으로 흘러가는 한국의 시간에 어지러움을 느낀다. 느리게 살고 비합리적으로 사는 것을 용납하지 않는 사회. 나도 바쁘고 너도 바쁜데 왜 바쁜지는 생각하지 않는다. 어쩌면 바쁠 필요가 없는지도 모르는데, 바쁨은 성공으로 느림은 실패로 그냥 짝지어버린다. 나는 느리게 사는 게 행복한데 세상은 게으름이라고 한다.

에취! 으으, 이놈의 감기.

그제야 이놈의 감기가 기온 차이에서 온 게 아니라 문화적 차이에서 온 것임을 눈치챘다.

Scene #26
난관 또 난관

황포 돛을 펼친 것 같은 아름다운 천장.

그 사이사이로 외계인 얼굴을 닮은 조명이 마드리드 공항을 환하게 밝혀주고 있었다. 아찔한 현기증. 콜롬비아 민간 항공사 아비앙카Avianca의 체크인 카운터는 이제 문이 닫혔고 직원들도 모두 퇴근했다. 그 앞에서 멍하게 얼마나 서 있었는지 모른다.

나는 보고타행 비행기를 놓쳤다. 다음 비행기는 내일 오전 8시. 그마저도 남은 좌석은 없다. 지금 상황에서 제일 좋은 방법은 새벽 일찍 체크인 카운터에 다시 와서 대기자 명단에 이름을 올려놓고, 오늘의 나처럼 비행기를 놓치는 사람을 기다리는 것이다. 물론 벌금 20만 원을 내고 말이다. 그때도 빈자리가 없다면? 일단 그건 그때 가서 생각해보자. 대체 어디서부터 잘못된 거지? 그래, 런던!

"마드리드 한 번 더 경유해서 가시네요?"

"그게 더 싸."

"창가 자리 잡으셨네요?"

"마드리드까지는 멀지 않으니까 화장실 갈 일 자주 있겠어? 구름 구경이나 하면서 가려고."

"아직 시간이 좀 남았는데 커피 한 잔 하실래요?"

체크인도 하고 수화물도 부쳤으니 여유는 있었다. 런던 게스트하우스 사장과는 이제 형 아우 하는 사이가 됐다. 두 남자의 대화는 길어졌다.

"근데 형님 보면 딴 세상 사람 같아요. 총각이라면 '아, 진짜 자유롭게 사는구나. 멋있다' 할 텐데, 결혼해서 애들도 있는데 너무 계획 없이 사시는 거 아닙니까?"

"왜 계획이 없어? 나도 계획적인 사람이야. 가족들이 콜롬비아에 몇 년 있었으니 이번엔 영국으로 여행할까 해. 우프wwoF라고 여행하면서 전 세계 유기농 농장에서 자원봉사 활동을 하면 숙식이 제공되거든. 괜찮은 프로그램이지?"

"아니, 형님 직업 말입니다. 하는 '일' 말이에요. 남들은 성공을 위해 한눈 팔지 않고 열심인데 형님은 도통 관심이 없는 거 같거든요."

"음… 관심이 없는 건 아닌데."

그때 그가 시계를 보더니 황급히 말허리를 자르며 자리에서 일어났다.

"어, 형님 큰일이다. 늦었어요."

너무 여유를 부렸던 것이다. 서둘러 출입국 게이트로 달려갔으나 보안 수속 시간이 지났다고 들여보내 주지 않았다.

"큰일이네. 제시간에 도착하지 않으면 마드리드에서 보고타 가는 비행기도 놓칠 텐데."

"형님, 다음 비행기가 한 시간 뒤에 있답니다."

마드리드 도착 예정 시간을 확인해보니 가까스로 보고타행 비행기 시간을 맞출 수 있을 것 같았다. 그러나 또 다른 난관이 있었으니 바로 분리 발권이었다. 영국에서 스페인, 스페인에서 콜롬비아까지 연결 발권

을 했더라면 문제가 없겠지만, 비행기 값이 싸다는 이유로 다른 항공
사 비행기를 예약했기 때문에 수화물을 찾고 다시 입국 수속을 한 후
출국 수속을 해야만 했다. 그러니 비행기를 놓칠 수밖에.

대체 어디서부터 잘못된 거지? 커피 한 잔? 분리 발권? 아니면 분리 발
권을 해야만 했던 내 경제적 상황? 아니, 더 거슬러 올라가서 애초에
이 여행을 하지 말았어야 했나? 문득 나 혼자 남겨졌다는 두려움이 밀
려왔다. 길을 잃은 것이다. 공항에서도 인생에서도….

저녁 6시.

보고타행 비행기가 뜨려면 14시간이 남았다. 카트에 짐을 싣고 터미널
을 빠져나와 공항 버스 정류장 앞에 섰다. 요금이 비쌌다. 애당초 호텔
로 갈 생각은 없었다. 느긋하게 저녁 먹고 포근한 잠을 자고 아침에 토
스트 한 조각에 커피를 홀짝인 후 공항 리무진을 탄다는 것은 지금의
내 상황에서 사치에 불과하니까. 그냥 마땅히 갈 곳이 없어 나왔을 뿐.

이제 다시 나의 숙소로 들어가야 한다. 마드리드 공항 안으로.

목적이 다르면 똑같은 장소에서도 다른 것이 보이기 마련이다. 공항 안에는 여행자들이 의자에 듬성듬성 자리를 잡고 앉아 있었는데, 지금 보니 팔걸이가 없어서 다리를 뻗거나 누울 수 있는 명당은 이미 남아 있지 않았다. 차라리 일찍 자리를 잡을 걸 하는 후회가 들었다. 눈치 없이 배가 고팠다. 맥도널드의 커다란 'M' 자가 마치 오아시스에 우뚝 솟은 나무처럼 반가웠다. 햄버거와 콜라를 포장한 뒤 하룻밤을 지낼 적당한 장소를 찾기 시작했다. 공항에서 노숙을 할 최적의 장소는 콘센트가 있고 와이파이가 잡히는 곳이다. 화장실이 가까우면 금상첨화다.

여행용품을 파는 곳과 환전소 사이에 콘센트 하나가 보였다. 가방을 내려놓고 걸터앉은 뒤 노트북을 충전하고 인터넷을 연결했다. 와이파이는 잘 터졌는데 유료였다. 신용카드로 한 시간을 결제한 후 우선 가족에게 비행기를 놓쳤다는 메일을 보냈다. 그다음엔 항공권을 구입한 여행사에 현재 상황을 알리고 어떤 방법이 있는지 문의했다. 얼마 지

나지 않아 답이 왔다. 내가 타야 할 항공편은 한 달 전부터 매진된 상태라 예약 변경은 힘들고 현장 대기가 최선이라고 했다. 또 다른 방법은 기존 항공권을 취소하고 다른 노선을 다시 예약하는 것인데, 적어도 사흘은 마드리드에 더 머무르거나 타국을 한 번 더 경유해야만 한다고 했다. 둘 다 추가 비용이 만만치 않으므로 내일 아침 운이 좋기를 바랄 뿐이었다. 자, 이제 내가 할 일은 화장실을 다녀온 후 내 몸을 누일 곳을 찾는 것이다.

밤이 깊어지자 기둥이나 벽면에 붙어서 자리를 깔고 눕는 여행자들이 늘어났다. 귀에 이어폰을 꽂고 음악을 듣는 사람, 책을 읽는 사람, 모자로 얼굴을 가리고 자는 사람, 그리고 바닥이 차가운지 가끔 일어나서 뒤척이는 사람. 그 순간 운 좋게도 눈앞에 세 칸짜리 의자가 비어 있는 것이 보였다. 공항 노숙자에게 행운이 찾아온 것이다. 일단 카트를 의자 옆에 붙이고 자리를 잡았다. 안도감이 밀려왔다. 하지만 기쁨도 잠시. 나는 아직 화장실을 가지 않았다. 여기 카트를 세워놓고 빨리 화장실을 다녀오면 어떨까? 하지만 소매치기가 많기로 유명한 마드리드에서 자칫하면 큰 낭패를 볼지도 모른다. 그렇다고 카트를 끌고 화장실을 간다면 십중팔구 다른 여행자들에게 자리를 뺏길 게 뻔하다. 〈동물의 왕국〉에 나오는 세렝게티와 이곳이 무엇이 다른가. 화장실? 참자!

새벽 3시 30분.

극심한 고통에 몇 번이나 잠이 깼는지 모른다. 편안한 잠자리는 더 이상 내게 행복을 주지 못했다. 화장실? 더 이상은 못 참는다! 잠든 사이 도난당할까 봐 손목과 발목에 묶고 걸어둔 가방을 주섬주섬 정리해서 카트에 실은 후 화장실로 향했다. 세면대 거울에 비친 내 얼굴은 마치 낯선 사람처럼 나를 노려보고 있었다. 이봐, 그런 표정 짓지 마. 나도 최선을 다하고 있다고!

드디어 항공 수속 카운터가 열렸다. 서툰 스페인어로 사정을 설명했더니 출발 한 시간 전까지는 예약한 사람들을 기다려봐야겠지만 보통은 몇 좌석이 남는다는 반가운 소식을 들을 수 있었다. 그런데 문제는 나처럼 카운터에 부탁하고 기다리는 사람들이 적지 않다는 것이다. 그들은 나보다 더 유창한 스페인어로 승무원들과 대화했다. 백인과 나를 대하는 승무원의 태도가 달라 보였다. 위기였다. 재빨리 음료 두 병을 사서 사탕과 함께 승무원들에게 건네주며 다시 한 번 부탁했다. 승무원들의 표정이 한결 나아졌다. 역시!

이제 예약한 탑승객들이 거의 다 수속을 마치고, 몇 자리가 비었는지 결과가 나올 차례. 내 드링크와 사탕이 얼마나 효과적이었는지 확인할 수 있는 순간, 맙소사! 카운터 승무원들이 교대하는 것이 아닌가? 내가 공들인 승무원들은 웃으며 유유히 자리를 뜨고, 새로운 얼굴들이 대기자 명단에서 탑승할 수 있는 사람들을 부르기 시작했다. 나보다 더 짐이 많은 콜롬비아인 부부가 먼저 수속을 했다. 그다음 알록달록한 캐리어를 든 백인 여성 이름이 불렸다. 남은 대기자들은 모두 다섯 명. 이대로 끝난다면 나는 어떻게 할 것인가?

"하에순례!"

"예! 아니 씨, 씨!"

다행히도 마드리드 공항에서는 잃어버린 길을 찾을 수 있었다. 그러나 대서양을 건너오는 내내 불편한 마음은 숨길 수 없었다. 런던에서 그가 내게 던진 질문에 여전히 답할 수 없었기 때문이었다.

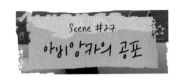

Scene #27
아비앙카의 공포

가로세로 0.5미터가 채 되지 않는 공간.

움직이거나 일어서기도 힘들 뿐 아니라 다리 뻗기는 더 어려운 좁은 좌석. 진한 향수를 뿌린 남미 여인의 살찐 팔이 사정없이 내 팔걸이를 독차지해도, 내 얼굴엔 미소가 떠나질 않는다.

인간이 행복을 추구하는 방법은 다양하다. 원하는 재화를 사거나, 사랑하는 사람과 함께하거나, 재미있는 일을 찾기도 한다. 그런데 때로는 아무것도 하지 않아도 행복을 느낄 수가 있는데 그 비결은 바로 욕구를 억제하는 것이다. 휴대전화를 바꾸면 3개월 정도는 즐거울 것이다. 차를 바꾸면 6개월 정도는 즐거울 수 있다. 개인에 따라서는 그 기간이 길 수도 짧을 수도 있는데 일반적으로 즐거움의 유효기간은 그리 길지 않아 또 다른 즐거움을 찾아 나서기 마련이다. 하지만 마음을 바꾸면 평생 행복을 느끼며 살 수 있다.

테이블 위에 놓인 커피에 설탕을 부었다. 쓴맛과 단맛이 어우러져 잔뜩 굳어 있는 마음을 풀어준다. '바로 이 맛이야!' 하늘 위의 카페테리아라 불리는 아비앙카의 기내 커피는 훌륭했다. 적어도 내게는 그랬다. 이 비행기를 못 탔으면 기약 없이 공항에서 또 노숙을 해야만 했으니 무엇인들 맛나지 않겠는가? 어려서부터 없는  집에 태어나 가난하게 먹고 가난하게 입고 가난과 형제처럼 함께 커온 나로서는 욕망을 억제하는 일이 그리 어렵지 않다. 지금 마시는 커피 한 잔이 내게는 큰 행복이다.

갑자기 앞자리에 앉은 승객이 의자를 뒤로 젖혔다. 그 바람에 커피가 쏟아질 뻔했다. 내가 쓸 수 있는 공간은 더 줄어들었지만 행복감은 줄어들지 않았다. 팔걸이 옆에 숨어 있던 리모컨을 빼냈다. 마음만 먹으면 최신 영화와 음악, 게임을 즐길 수 있지만 나는 다시 리모컨을 집어넣었다. 대신 공항에서 사온 책을 꺼내 들었다.

말콤 글래드웰의『아웃라이어』.
'성공의 기회를 발견한 사람들'이란 부제가 붙어 있다. 공항 서점에서는 다소 즉흥적으로 책을 선택하게 되는데, 때로는 이렇게 산 책이 더 좋을 때가 있다. 이번에도 그럴까? 그날따라 '성공'이라는 단어에 끌려 사고 말았다. 런던에서 가까워진 게스트하우스 사장이 내게 '성공'에 대한 의지가 없어 보인다고 탓하지 않았는가.
흔히 말하는 성공이 반드시 행복한 인생을 보장하는 것은 아니지만 사실 확률적으로는 그럴 가능성이 높다. 비틀즈나 빌 게이츠는 성공의 전형을 보여주었고, 비교적 행복한 인생을 선물로 받았을 것이다. 열성 팬의 총에 맞아 요절한 존 레논도 살아 있는 동안은 행복했을 것이다. 욕망을 억제하는 방법으로 행복을 느끼는 나조차도 성공에 대한 갈망은 어느 누구보다 강하다.
아웃라이어Outlier는 쉽게 말해 성공한 사람을 뜻한다. 이 책은 아웃라이어들의 성공 비결을 분석했다. 어떤 일을 남보다 탁월하게 잘하기 위해서는 충분한 연습이 필요하다. '1만 시간의 법칙'이다. 누구나 짐작할 수 있는 성공 비결일 것이다. 여기에 저자는 특별한 기회의 중요성을 더한다. 비틀즈는 함부르크에서 밤새 노래할 수 있는 기회를, 빌 게이츠는 컴퓨터가 귀하던 시절 어머니회가 기부한 컴퓨터를 마음껏 만질 수 있는 기회를 잡았다. 분명히 내게도 기회가 찾아왔을 것이다. 그런데 불행히도 내게는 그 전제 조건인 '1만 시간의 연습'이 없었다. 수십 가지의 경험만 있었을 뿐 깊이 있는 몰입이 없었던 것이다.

책장을 넘기는 순간 비행기가 심하게 흔들렸다. 안전벨트를 매라는 등에 불이 들어왔고 안내 방송이 들렸다. 기류가 불안정하니 주의하라는 내용이었다. 롤러코스터를 탄 것처럼 아래위로 요동이 심했다. 울렁증이 일었다. 승무원들은 웃음을 잃지 않았지만 뭔가 심각한 기색이었다. 하강하는 건지 떨어지는 건지 모를 정도였다. 불길한 생각이 머리를 떠나지 않았다. 마드리드에서 어렵게 얻은 비행기표가 결국 내겐 죽음의 카드였을까? 에이, 무슨 이런 방정맞은 생각인가. 어깨에 내려앉은 무거운 불안감을 떨쳐내려고 나는 다시 책을 펼쳤다. 기내에서 내가 할 수 있는 일이란 아무 것도 없었으니까….

덜커덩!

한바탕 큰 흔들림과 함께 비행기는 보고타 엘도라도 공항에 무사히 착륙했다. 책을 든 손에 땀이 흥건했다. 1990년 1월 25일, 엘도라도 공항을 출발해 JFK 공항으로 향하던 아비앙카 항공 52편이 착륙 진입 도중 연료가 바닥나면서 추락해 73명이 사망한 사건을 마침 이 책에서 다루고 있었기 때문이다. 성공이라는 단어에 끌려서 읽은 책인데 비행기에서 내릴 때쯤에는 그저 감사한 마음만 남았다. 사람의 마음이란 얼마나 간사한가?

콜롬비아를 떠나온 사이 엘도라도 공항은 보수 공사가 많이 진척되었다. 시장 바닥 같던 수화물 인도 구역은 새 단장을 했고, 한국어 인사말이 있던 곳은 광고 간판들로 채워졌다. 나는 5,000페소를 내고 표를 산 후 카트에 짐을 실었다. 물론 버스나 차에 짐을 옮긴 뒤 카트를 반납하면 돈은 다시 돌려받는다. 이때 표를 같이 주지 않으면 돈을 못 받기 때문에 잃어버리지 않게 주의해야 한다. 이 무슨 번거로움인가?

빠르고 합리적인 한국에서 나는 다시 느리고 불편한 콜롬비아로 돌아왔다. 그런데 고향에 온 것처럼 마음이 편하다. 이곳엔 사랑하는 아내와 아이들이 기다리고 있다. 역시 고향이다.

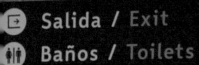

Salida / Exit →
Baños / Toilets ↗

3-6 Bandas ↑
     Belts

4

떠나온 사람들과 돌아온 사람들.
난 떠나온 걸까? 돌아온 걸까?

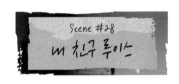

Scene #28
내 친구 루이스

변한 것이 없다.

광장엔 눈부신 햇살이 가득하고 아이들은 축구공을 차며 뛰어다닌다. 노인들은 카페에 앉아 커피를 홀짝이며 신문에 실린 십자말풀이를 풀거나 새 모이를 주며 시간을 보내고 있다. 오늘도 커피 농부들은 굵은 땀방울을 흘리며 커피콩을 따고, 우리 집 앞 골목엔 여전히 부드러운 바람이 불어와 빨래를 말려준다.

"우와, 물총이다!"

물총을 보고 좋아하던 정호의 목소리가 계속 들리는 것 같다. 하긴 한국에선 물총이 있어도 함께 쏘며 놀 친구도 골목도 없었는데 부에나비스타에선 함께 놀 친구와 골목은 있지만 정작 물총이 없었던 것이다. 게다가 정호가 아끼는 만화 캐릭터가 그려진 딱지까지 갖고 왔으니 신이 날 수밖에. 몇 달 만에 만난 아빠는 뒷전. 정호는 물총과 캐릭터 딱지를 양손에 들고 친구 집으로 부리나케 뛰어갔다. 소영이는 한글 동화책과 인라인스케이트를 선물로 받고는 어쩔 줄 몰라 했다. 그러곤 살갑게 안기며 시험지를 내밀었다. 100점짜리다. 이래서 딸 키우는 재미가 더 있다는 거다.

아내와 함께 이웃들에게 나누어줄 선물을 챙기고 있자니 골목에서 낡은 스쿠터 엔진이 멈추는 소리가 들렸다. 헬멧을 벗은 이 남자의 얼굴은 영락없이 오사마다. 오바마가 아니라 오사마. 텁수룩한 수염의 오사마 빈 라덴! 머리에 터번만 썼더라면 CIA가 벌써 찾아왔을지도 모른다. 내 친구 루이스, 나이는 이제 서른이 갓 넘었는데 나와는 친구처럼 지낸다.

"리, 노올로 가압씨다!"

마치 어제저녁에 헤어진 단짝 같다. 티셔츠 한 장과 USB를 선물로 건네주니 송곳니를 드러내며 아이처럼 웃는다.

우리 가족이 부에나비스타 마을 광장에 떨어진 바로 그날 밤 루이스를 처음 만났다. 낯선 곳에서 손짓 발짓으로 동네 사람들에게 도움을 청할 때 쫄바지를 입고 있던 누비아가 우리 가족에게 구원의 손길을 내밀었고 덕분에 우리는 누비아 집에 짐을 풀고 저녁까지 얻어먹을 수 있었다. 그런데 그날 밤 또 다른 사람이 우리를 재워주겠다고 친절을 베풀었는데 그가 바로 루이스였다.

"여보, 저녁은 먹었으니 아까 그 남자 집에 가서 잘까?"

"싫어, 방 하나 치워주던데 그냥 여기서 자자. 또 어떻게 나가?"

"밥만 여기서 먹고 잠은 거기서 자기로 했잖아?"

"못 알아들었을 거야. 애들도 피곤해."

하지만 내 생각은 달랐다. 지구 반대편에서 무사히 정착하려면 무조건 동네 사람들과 친해져야 했다. 나는 그 기회를 놓칠 수가 없었고 혼자라도 그 남자를 찾아가기로 했다. 게다가 처음 본 얼굴이었는데도 낯설지가 않았다. 다행히 누비아 가족들은 착한 사람들이어서 우리 가족

풍경도
사람도
변한 것이 없다.

을 믿고 맡길 만했다. 긴 여행에 지쳐 쓰러지듯 잠든 아이들을 둔 채 나는 광장으로 나갔다.

아내에게 걱정 말라며 호기롭게 나서긴 했으나 그때가 내겐 가장 불안한 순간이었다. 낯선 마을에 도착한 첫날부터 가족들과 떨어져 자야 한다니 마음이 불편했다. 하지만 혹시나 내 몸짓을 알아들은 그 남자가 잠자리를 준비해놓고 기다린다면 그 정성을 모른 척할 수도 없었다.

그 남자의 집을 찾는 것은 쉬웠다. 내가 광장에 나가자 다시 마을 사람들이 호기심 어린 눈빛으로 모여들었다. 그때만 해도 부에나비스타에서 동양인은 엄청난 구경거리였기 때문이었다. 내가 몸짓으로 털북숭이 흉내를 냈더니 사람들은 나를 루이스의 집으로 데려다 주었다.

역시 예감은 틀리지 않았다. 루이스는 침대에 있던 매트리스를 바닥에 내리고 이불을 깔아서 우리 가족을 위해 잠자리를 준비하고 있었다. 누비아 집보다 작고 초라했지만 이방인을 맞는 마음만은 넉넉했다. 눈물이 핑 돌 만큼 감동이 밀려올 때쯤 그가 누구를 닮았는지 깨달았다. 오사마 빈 라덴! 이런….

내가 루이스의 직업을 알게 된 것은 10월의 마지막 날, 핼러윈 축제 때였다. 괴기스럽게 꾸민 사람들과 전통 의상을 입고 공연을 준비하는 사람들로 붐비는 저녁. 털북숭이 루이스는 노숙자처럼 허술하게 입고 나와서는 광장에 마련된 무대 위에 올랐고 능숙하게 행사를 진행했다. 게다가 뒤풀이에서는 레크리에이션 진행까지 하는 게 내 직업과 꼭 같았다. 그래서 더 끌렸던 것일까?

며칠 후 옆집 페르난도에게 동네 사진관이 어디 있냐고 물어보았다. 새로 이사한 집에 가족사진을 걸어두고 싶었기 때문이었다. 페르난도는 마을에 따로 사진관은 없지만 드라큘라 집에 가면 된다며 웃었다. 거기엔 카메라도 있고 인화지도 있고 프린터도 있어서 마을 사람들이 사진을 찍거나 현상할 땐 모두 거기에 간다고 했다. 드라큘라? 별명인가? 그런데 페르난도가 나를 데려간 곳은 다름 아닌 루이스의 집이었다. 그때 나는 깜짝 놀랐다. 그날은 루이스가 면도를 말끔하게 했는데 오사마 빈 라덴은 어디론가 간데없고 날카로운 송곳니 두 개가 번득이는 드라큘라 백작이 씩 웃고 있었다. 그제야 루이스의 별명이 두 개인 것을 알았다. 마을 사람 절반은 루이스를 오사마로 부르고, 절반은 드라큘라로 부르고 있었던 것이다.

며칠 후, 우리 집 앞 난간 공사를 시에서 무료로 해준다며 공사 담당자가 온다고 했는데 그게 또 루이스였다. 루이스는 능숙하게 철근을 자르고 용접을 하고 시멘트로 깔끔하게 마무리하는 솜씨를 보여주었다. 이젠 공사까지 하나, 루이스?

한번은 루이스가 낡은 스쿠터 뒤에 정호를 태우고 집에 데려다 준 적이 있었다. 어디서 만났냐고 물었더니 정호는 루이스가 특별 활동 음악 선생님이라고 했다. 루이스의 케나(Quena: 남아메리카 안데스 산맥 고원 지대의 원주민이 갈대나 뼈, 진흙으로 만드는 피리), 차랑고(Charango: 안데스 지방 전통 현악기로 다섯 개의 이중 줄이 달린 작은 기타) 연주는 수준급이라서 아이들도 가르치고, 크고 작은 마을 축제가 열릴 땐 늘 악대를 이끌었다. 그뿐 아니라 결혼식이 있을 땐 웨딩 촬영도 하고 부에나비스타 시청 문화부 직원으로 홍보물도 제작한다. 루이스, 대체 네 직업은 몇 개냐?

이쯤 되면 부에나비스타의 이재선이라 해도 손색없다. 내가 취득한 자격증은 모두 15개. 자동차 정비사, 이발사, 용접기능사, 레크리에이션

출동 준비 완료!

동에 번쩍
서에 번쩍 루이스

도플갱어.
지구 반대편에서
만난 또 다른 나.
어쩜 이렇게 나와
닮았을까?

2급, 이벤트 플래너, 생활체육지도자 3급(수영), 응급처치사, 수상인명구조원, 중등체육실기교사, 해기사, 동력수상레저기구조정면허 1급, 스킨스쿠버 오픈워터, 스포츠 마사지 2급, 택시 운전기사 자격증 그리고 1종 대형 운전면허.

내가 과거에 해봤거나 지금 하고 있는 일은 모두 22개.

신문 배달원, 룸살롱 호객꾼, 고무 공장 직원, 유통 매장 직원, 세차원, 택시 기사, 스포츠 마사지사, 건설 근로자, 식재료 배달원, 냉동 탑차 기사, PC방 사장, 책·비디오 대여점 사장, 수영 강사, 아기스포츠단 체육 교사, 골프 강사, 각설이 공연단 단원, 레크리에이션 강사, 엿장수, 이벤트 MC, 대구 시립 극단 상임 단원, 방송 MC, 커피 농부.

루이스도 나도 관심사가 폭넓다. 어느 한 가지 일에만 몰두하기에 세상은 너무 넓고 재미있는 일도 넘쳐난다. 주철환 씨가 어느 인터뷰에서 '집념보다는 잡념으로 살아서 행복하다'고 밝혔다. 그는 국어 교사를 하다가 MBC PD로 입사해서 〈우정의 무대〉, 〈퀴즈 아카데미〉, 〈일요일 일요일 밤에〉 등을 히트시켰다. 그 후 대학 강단에 서고 방송사 사장직까지 경험한 다채로운 인생은 분명 매력적이고 성공적이라 부를 만하다. 게다가 그의 인생을 결정지은 것이 좁은 다락방에서 꿈꾸던 오만 가지 잡념에서 비롯됐다고 하니 더 친근하게 느껴졌다. 이는 곧 성공을 하려면 '한 우물'만 파지 않아도 된다는 뜻이 아닐까?

어쨌건 비슷한 성향을 가진 루이스와 나는 아주 빠르게 친해졌다. 그런데 알면 알수록 나와 무섭도록 닮은 면이 많았고, 심지어는 몇 년 전 내 삶의 방식을 루이스가 되풀이하고 있음을 발견했다.

마을 광장에 에어로빅 음악이 울려 퍼졌다. 무대 위에서 흰색 반팔 셔츠에 빨간색 트레이닝 바지를 입고 모자를 쓴 강사 두 사람이 율동을 이끌었다. 하이로 부부다. 하이로는 방과 후에 인라인스케이트 수업도 하고 있고, 이웃 마을 카이세도니아_{Caicedonia}에서 제법 큰 헬스클럽도 운영하고 있는 알부자다.

에어로빅 무료 강좌는 일주일에 두 번 진행되는데, 한 달에 한 번씩은 전문 댄서와 함께 살사나 메렝게 같은 라틴 댄스도 배울 수 있어서 마을 사람들에게 인기가 높다. 새로 선출된 시장의 공약 사항이다.

아내는 늘 맨 앞에 서서 열정적으로 동작을 따라 한다. 한국에 있을 때는 살림하랴 아이 키우랴 시어머니 모시랴 도무지 여가를 즐길 수 없었으니 어찌 즐겁지 아니하리. 수업이 있는 날이면 소영이와 함께 땀에 흠뻑 젖은 채로 돌아와서 스트레스가 다 풀린다며 아주 좋아한다.

더러 남자들도 보이는데 여기에 루이스가 빠질 수가 없다. 빼어난 연주자에다 타고난 춤꾼인 루이스. 특히나 지난 시장 선거에서 당선자의 홍보물을 제작한지라 시장이 벌이는 사업에는 열성적으로 참여한다. 사실 루이스는 마을의 궂은일이나 도움이 필요한 일에는 몸을 사리지 않는 편이다. 얼마 전 마을 체육대회에서 배구공이 실내 체육관 천장 프레임에 끼인 적이 있었다. 아무도 꺼낼 엄두를 못 내고 있는데, 어느새 루이스가 원숭이처럼 날래게 벽을 타고 기둥을 오르고 쇠 난간을 건너더니 끼인 공을 떨어뜨려주었다. 그러나 이토록 친절한 루이스에게도 치명적인 결함이 있는데 그것은 바로 가족에게는 무심하다는 것이다.

어느 날 루이스가 에어로빅 수업에 아내 이사벨을 데려왔다. 이사벨

은 춤을 잘 못 춘다. 보통 남미 사람이라면 모두 춤에 일가견이 있을 거라 생각하지만 그렇지 않다. 한국인이 모두 태권도 유단자는 아닌 것처럼.

루이스는 맨 앞줄에서 신나게 에어로빅을 즐겼고 잘 따라 하지 못하는 사람들에겐 강사 대신 원 포인트 레슨까지 해주었다. 그런데 정작 아내 이사벨에게는 수업 시간 중 단 한 번도 친절을 베풀지 않았다. 부부 간에 불화가 있거나 문제가 있어서 그런 것이 아니었다. 그저 타인에게는 친절하고 가족에게는 무심한 남자일 뿐이었다. 재미있을 리 없는 이사벨은 맨 뒤에서 몇 번 어설프게 따라 하다가 도중에 집으로 가곤 했다.

"똑같다, 똑같아. 당신이랑 판박이다!"

"내가 뭘?"

"콜롬비아 오기 전 당신이나 루이스나 거기서 거기야!"

사실이었다. 나 또한 남들에겐 친절하고 예의 바르고 늘 배려하는 사람이었지만 집에선 말도 별로 없이 내 할 일만 하는 이기적인 남편이었다. 시립 극단 단원이었을 때는 매일 이어지는 연습을 핑계 삼으며 아내와 함께한 것이라곤 일주일에 두세 번 아침을 먹는 게 전부였으니까.

그때는 미래를 위한 행복 유보라고 생각했다. 오늘의 어려움은 내일의 행복을 위해 견디는 게 당연하다고 여겼다. 급한 일 때문에 정작 중요한 일을 놓치는 현대인의 표본이었다. 나중에 아이들이랑 놀아주면 된다고? 잘못 생각하는 것이다. 아이들이 아빠를 필요로 하는 시간은 얼마 되지 않는다. 뒤늦게 아빠가 철(?)이 들어 아이들을 찾으면 그때는 아이들이 낯설어한다. 몇 반인지도 모르고, 친한 친구 이름도 모르고, 아이가 어떤 연예인을 좋아하는지도 모르는데 무슨 대화가 되겠는가?

불편한 아빠 대신 편한 친구가 백배 나은 것이다. 나 또한 한국을 떠나기 전까진 이것을 깨닫지 못했다.

결국 일이 터지고야 말았다.

이곳 남미에서는 스포츠 하면 그냥 축구다. 그런데 얼마 전 테니스 실업팀 감독으로 있다가 정년퇴직한 이반이 테니스 교실을 열면서 온 마을에 테니스 열풍이 불었다. 역시나 장소는 마을에 하나밖에 없는 실내 체육관 콜리세오Coliseo.

"정희야, 우리도 테니스 배우자."

"나 완전 초보인데 괜찮을까?"

"내가 도와줄게, 걱정 마."

콜리세오는 테니스장이 아니다. 바닥 상태는 둘째치고 네트조차 없다. 하지만 부에나비스타에서 못 할 일이란 없다. 이반은 마을 소방서 쇠기둥에 돌돌 말려 있던 배구 네트를 가져와서 매달았다.

첫 수업에는 많은 사람들이 찾아왔다. 모두가 함께 쓰라고 이반이 테니스 라켓 다섯 개를 준비해왔는데, 축구 심판을 보는 넬슨은 조금 낡았지만 자신의 라켓을 들고 의기양양하게 수업에 참석했다. 내 친구 루이스는 새로 산 테니스 라켓을 들고 이사벨과 함께 왔다. 이반은 라켓 잡는 법을 설명해주고 포핸드 스트로크 구분 동작을 연습하게 했다. 나와 아내는 집에서 미리 연습을 하고 왔기 때문에 어렵지 않게 따라 할 수 있었고, 아내는 이반에게 테니스에 소질이 있다는 칭찬을 들었다. 아내는 기분 좋은 웃음을 지으며 더 열심히 자세를 연습했다. 작전 성공. 칭찬을 들어야 즐겁고, 즐거워야 연습이 더 잘된다. 운동 신경이 뛰어난 루이스는 하루 만에 포핸드 스트로크를 잘 받아칠 정도가 되었다. 그러나 이사벨은 수업 내내 혼자 서 있거나 공을 주우러 이리 저리 뛰어다닐 뿐이었다.

"리, 우리 테니스공 좀 사자. 연습장엔 몇 개 없어서 너무 불편해."

"그래, 스무 개짜리 한 통 사서 반씩 나누지 뭐."

"어제 인터넷에서 봤는데 선수용 라켓이 끝내주더라. 그거 또 산다면 이사벨이 난리 칠 거야. 내 라켓 반값에 안 살래?

나야 아내와 테니스 라켓 하나로 연습했으니 싼값에 하나 더 살 수 있다면 마다할 이유가 없었다.

수업이 몇 번 진행되자 참가자가 서서히 줄어들어 진짜 테니스를 즐기는 사람들만 남게 되었다. 나와 아내는 항상 수업 30분 전에 가서 몸을 풀고 연습했다. 아내의 실력은 이반이 칭찬한 것만큼 쑥쑥 늘진 않았다. 하지만 그건 전혀 문제가 되지 않았다. 테니스 선수가 되거나 그걸로 학점을 받아야 하는 게 아니라 그냥 즐기면 되니까. 수업이 끝나면 나는 늘 아내에게 공을 던져주었는데 루이스는 나와 함께 게임 하기를 원했다.

나도 루이스와 게임 하는 게 훨씬 재미있다. 하지만 나만 재미있으면 부부가 함께 운동하는 것은 깨어지고 만다. 10분만 기다려달라 말하고는 아내의 포핸드 스트로크 연습을 도와주었다. 아내는 은근히 기분이 좋은 눈치였다. 그러나 루이스는 그 짧은 10분도 이사벨과 함께하지 않았다. 오늘은 꼭 나를 이길 거라면서 혼자서 백핸드 스트로크, 포핸드 스트로크, 발리 등을 연습했다.

이건 좀 위험하다 싶은 순간, 드디어 올 것이 왔다. 한 시간 내내 꾸어다 놓은 보릿자루처럼 있던 이사벨이 루이스에게 소리를 지르고 말았다. 눈물을 흘리면서 유모차를 끌고 콜리세오를 나가는 이사벨. 바닥에 내팽개쳐진 라켓을 주워 들고 이해할 수 없다는 표정을 지으며 그 뒤를 따라가는 루이스. 그 뒷모습이 과거의 나와 정확히 포개졌다.

루이스는 테니스 실력을 키우는 것보다 이사벨과 함께 운동하는 것이 훨씬 소중하다는 걸 깨닫지 못하고 있는 것이다. 저렇게 집에 들어가면 이사벨에게 어설픈 위로 한두 마디 하고는 곧 등을 돌려 컴퓨터 앞에 앉아 잘 때까지 붙어 있을 것이다. 그러고는 답답해할 것이다. '테니스는 열심히 연습해야 느는 거지. 그리고 남자가 사회생활로 바쁜 것도 전부 가족을 위한 건데 왜 이해를 못 하지?'라고 불평하면서.

"똑같네, 똑같아. 당신이랑 판박이다!"

나는 아무 말도 못 하고 그저 웃을 수밖에 없었다. 아내는 루이스에게 충고 좀 하라며 테니스 라켓을 챙기기 시작했다. 충고라…. 그럼 어디서부터 시작해야 되지? 이거 이야기가 길어지겠는데, 맥주 캔이라도 가져가야겠네. 근데 가만 있자, 충고가 스페인어로 뭐더라?

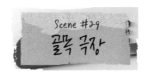

부에나비스타에는 영화관이 없다.

가끔 축제가 있을 때면 빔 프로젝터로 광장에서 영화를 상영하는데 별이 총총 뜬 밤 동네 사람들과 맥주를 나눠 마시며 영화를 보는 건 꽤나 낭만적이다. 영화 〈시네마 천국〉에도 이런 장면이 나온다. 제2차 세계대전 직후 이탈리아 시칠리아 섬의 작은 마을에 살고 있는 사람들에게는 영화가 유일한 즐거움이었다. 어느 날 영사 기사 알베르토는 극장에 들어오지 못한 사람들을 위해 거울을 이용해서 광장에서도 영화를 볼 수 있게 비춰준다. 토토와 알프레도가 천진난만하게 웃으며 즐거워하는 장면은 아름다운 영화 음악과 함께 잊지 못할 명장면으로 꼽힌다.

커피 마을 사람들이 최신 영화를 보려면 한 시간 정도 버스를 타고 아르메니아에 가야만 한다. 소영이와 정호는 아빠가 돌아온 기념으로 시내에 나가서 영화도 보고 외식도 하고 싶다며 졸랐다. 애들 핑계를 대지만 아내도 속으로는 아르메니아에 나가고 싶은 눈치였다.

우니센트로Unicentro는 콜롬비아의 유명 쇼핑몰 체인점이다. 보고타 같은 대도시에는 이미 우니센트로가 중심지에 들어섰는데 아르메니아에

는 최근에 개점해 사람들에게 큰 인기를 끌고 있다. 색색의 화려한 로고는 보는 사람들을 유인한다. 자세히 보니 로고가 보고타와는 달리 꽃잎이 아니라 커피콩 같기도 하다.

2층으로 올라가니 건물 한쪽은 아예 외벽 절반을 투명한 유리로 연출했다. 겨울이 없는 콜롬비아 기후 덕분에 가능한 일이다. 3층 키즈랜드에는 범퍼카가 늘어서 있었는데 정호가 쏜살같이 달려가서 한 바퀴 타고 나왔다. 역시 노는 데만큼은 놀라운 순발력을 가진 조선번개!

키즈랜드 바로 맞은편이 영화관이다. 입장권을 끊었는데 조조할인으로 반값만 내면 된단다. 오후 3시에 무슨 조조할인인가 했더니 콜롬비아에서는 그날 처음 상영하는 시간에 할인해준다고 했다. 결국 오전에는 상영작이 없었던 것이었다. 매표소에서 잔돈을 거슬러주던 점원이 초코바를 사지 않겠냐며 넌지시 잔돈을 빼앗아 가려고 했다. 이런 상술에 넘어갈 아내가 절대 아니다. 풀 죽은 정호를 보며 아내는 한마디로 정리해버렸다.

"영화관에서는 팝콘이야!"

잠시 후 소영이는 야구할 때 쓰는 오각형 홈플레이트 모양의 받침대에 음료수와 팝콘을 담아 왔다. 음료수를 세 컵이나 꽂을 수 있고, 판이 넓어서 팝콘이나 과자를 놓기 편했다. 게다가 좌석 팔걸이에 끼워서 고정할 수도 있었다.

액션은 재미있었지만 대사는 절반도 못 알아들었다. 정호가 영화 내내 옆에서 알려주었는데 문득 어릴 때 보았던 영화가 생각났다. 한일극장 출구로 몰래 들어가서 공짜로 보았던 성룡의 〈폴리스 스토리〉. 아카데미극장에서 누구보다 먼저 들어가려고 새치기까지 하며 보았던 〈황비

홍〉. 해바라기극장에서 동시 상영으로 보았던 〈정전자〉, 〈예스 마담〉.

1986년, 땅거미 진 골목길.

한 소년이 거친 벽에 손을 짚고 1부터 100까지 센다. 눈을 가늘게 뜨고 벽을 쳐다본다. 달력 뒷장에 검은색 사인펜으로 정성껏 쓴 광고지가 붙어 있는 게 보인다. '세 놓음. 사글세 가능'. 친구들이 달아나는 소리가 어지럽게 사라진다.

"… 81, 85, 90, 100! 간다!"

대충 숫자를 건너뛰어 세고는 벽에서 몸을 뗀다. 손에 묻은 시멘트 가루를 털면서 친구를 잡으러 나선다. 어디로 갔을까? 골목에서 조금 넓게 트인 공터로 나왔을 때 난 그 자리에 얼어붙고 말았다. 눈부신 영화 포스터 한 장.

〈외계에서 온 우뢰매!〉
로보트 태권V 김청기 감독이 만든 한국 최초 만화영화와 극영화의 결합
덤벼라, 지구를 침범한 우주의 악당들
정의의 에스퍼맨이 간다!

오른손엔 바주카포를 왼손에는 표창 모양의 방패를 든 멋진 로봇. 당시 최고의 인기를 누리던 개그맨 심형래와 엄용수의 익살스런 표정. 그리고 '냉방 완비'라는 커다란 글자 옆에 적힌 매혹적인 문구!

어린이 입장객 전원에게 예쁜 책받침을 드립니다.
대구시민회관 절찬 상영 중!

"짠! 나는 세이프!"

가까이 숨어 있던 친구 하나가 달력 종이가 붙은 벽에 손을 짚다가 얼어붙은 나를 보고 다가왔다.

"뭐하노? … 어!"

어느새 숨어 있던 친구들이 다 나와서 포스터 앞에서 얼어붙고 말았다. 저녁 먹으라는 엄마의 고함이 들릴 때까지 우리는 포스터 앞에서 그렇게 멈춰 서 있었다.

부에나비스타에도 골목이 있다. 내가 어릴 적 놀던 골목보다 더 창의적으로 생긴 이곳의 골목은 아이들의 놀이터일 뿐만 아니라 어른들의 놀이터가 되기도 한다. 나는 집 앞에 골목 극장을 만들어보기로 결심했다. 영사기는 작은 노트북, 극장 좌석은 긴 나무 의자, 관객은 우리 가족과 옆집 페르난도 가족, 그리고 영화 제목은 〈나는 침대에서 자고 싶다Yo quiero dormir en la cama〉.

부에나비스타에 오고 얼마 지나지 않아 친절한 페르난도는 나와 함께 침대를 만들어주었다. 그런데 작업하는 도중 튀어 오른 나무에 나는 그만 턱을 다치고 말았고 병원에서 세 바늘을 꿰매야만 했다. 우여곡절 끝에 완성된 침대에서 우리 가족은 편안한 잠을 잘 수 있었는데 이 모든 과정을 아내가 캠코더로 촬영해두었던 것이다. 서툰 솜씨지만 노트북에 깔려 있는 동영상 편집 프로그램과 며칠간 씨름해서 얻은 결과물은 생각보다 근사했다. 형식은 시간을 거슬러 올라가는 구성. 상영 시간은 10분.

커피 마을에 해가 지고 집 앞 골목이 어둑어둑해지자 우리는 긴 의자에 옹기종기 모여 앉아 영화 상영을 기다렸다. 팝콘도 음료수도 없지만 모두 잔뜩 기대하는 표정이었다.

드디어 음악이 흐르고 영화가 시작되었다. 페르난도가 숲 속에서 구아두아 나무를 베는 장면에서는 모두들 옆에 있는 페르난도를 쳐다보았다. 자기가 화면에 나오는 게 어색한지 페르난도는 연신 뱃살을 긁적였다. 10미터나 되는 나무를 못 들어서 쩔쩔매는 장면에서는 큰 소리로 웃다가도 다치는 장면에서는 내 턱을 살펴보며 그만하길 다행이라는 듯 고개를 끄덕이기도 했다. 짧은 영화가 끝나고 모두들 박수를 치며 헤어졌다.

누구나 영화에 대한 추억 하나쯤은 있을 것이다. 이제 내게는 영화관에 대한 아주 특별한 추억이 하나 더 생겼다.

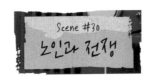

Scene #30
노인과 전쟁

"올라, 프렌드!"

백발의 노인이 광장 카페에서 반갑게 손을 흔들었다. 영어를 잘하는 것은 아니지만 늘 내게만은 '아미고'란 말 대신 '프렌드'라고 불러준다.

"올라, 돈 안토니오!"

안토니오는 산 알베르토 커피 농장 관리인이다. 여든이 넘었지만 아직도 농부들의 임금과 세금을 직접 정산한다. 모자와 가죽 가방 그리고 두꺼운 다이어리가 그의 필수품이다. 가끔 광장에서 만날 때면 어김없이 띤또를 사주곤 하는데 오늘은 고집을 부려서 내가 계산했다. 그가 젊은 시절 한국전쟁에 참전한 콜롬비아 군인이었다는 사실을 알기 때문이다.

재선	정말 한국전쟁에 참가했었나요?
안토니오	정말이지.
재선	몇 년도에 갔었죠?
안토니오	1952년이었는데 정확히 몇 월이었는지는 기억이 안 나. 계절도 모르겠어. 그냥 비가 억수같이 내렸던 것 말고는. 그렇게 생생했던

기억이 이젠 가물가물해. 나이를 먹은 거지.

재선 아저씨도 카르타헤나에서 구축함 타고 부산으로 가셨어요?

안토니오 아니야. 카르타헤나 항구에서는 내가 떠나기 몇 달 전에 구축함이 선발대 한 대대를 태워 출발했고, 나는 군용 수송기를 타고 갔는데 130명 정도였을 거야. 그땐 내가 군사 대학에 다닐 때라서 다른 병사들보다는 특별 대우를 받았던 것 같아.

재선 전쟁터가 언제 죽을지도 모르는 곳인데 무섭지 않으셨어요?

안토니오 내 나이 19살이었는데 처음엔 무섭다는 느낌보다 멀다는 생각밖에 없었어. 이렇게 먼 곳도 있구나 하는.

재선 사실 한국전쟁은 콜롬비아와는 상관없는 먼 나라 이야기잖아요. 그런데 자국민의 희생을 무릅쓰고 참전한다는 게 얼핏 생각하면 이해가 되지 않아요.

안토니오 음… 그건 좀 설명하기 복잡한데. 당시 콜롬비아는 정치적으로 매우 혼란한 시기였거든. 어쨌거나 정권을 주도하려는 쪽은 당연히 미국의 힘이 필요했고, 한국전쟁에 깊숙이 발을 담그고 있었던 미국의 참전 요청을 거부할 수 없었던 게지. 그리고 공산주의 국가의 침략에는 반드시 자유민주주의 정의로 맞선다는 냉전 시대의 사명감도 있었던 것 같고.

재선 그럼 참전한 병사들은 다 직업군인이었나요?

안토니오 나야 군사 대학 학생이었으니까 명령을 받고 왔지만 모두가 그런 건 아니야. 어떤 나라나 어두운 과거는 있게 마련인데 콜롬비아도 예외는 아니었지.

잠시 말을 멈춘 안토니오는 낡은 가죽 가방에서 담배 한 개비를 꺼내 입에 물었다. 라이터가 오래됐는지 불이 잘 붙지 않았다. 나는 혹시라도 이야기가 끊어질까 얼른 광장 카페 바리스타에게 라이터를 빌려 왔다. 안토니오가 말하는 어두운 과거란 대체 무엇일까? 길게 담배 한 모금을 빨아 넘기고 그는 다시 이야기를 시작했다.

안토니오 사실 나는 학교에서 군사행정 수업을 받았기 때문에 전선에는 안 들어갈 줄 알았어. 그런데 웬걸, 한국에 도착한 날 바로 그 밤에 전선으로 이동하는 거야. 수송 트럭 안에서 병사들은 불안에 떨었어. 목숨을 아끼지 않는 용감한 병사는 영화 속에나 나오지 현실은 결코 그렇지 않아.

바로 그 트럭에서 막시모를 만났어. 아프리카계 흑인이었는데 체격이 아주 좋았지. 무거운 분위기를 바꿀 겸 나는 그 친구의 팔뚝을 만지며 총알도 못 뚫겠다고 농담을 걸었지. 막시모는 씨익 웃으며 입만 안 벌리면 밤엔 보이지도 않는다고 받아쳤지. 그러고는 또 씨익 웃었어. 어둠 속에서 새하얀 이가 반짝이더군.

재선 채소 가게 호세도 말 근육이잖아요. 흑인들은 대부분 체격 조건이 좋은 것 같아요. 엄청 부럽더라고요.

안토니오 막시모는 우릴 부러워했지. 왜냐고? 흑인이니까. 설마 콜롬비아에는 인종차별이 없다고 생각하는 건 아니겠지? 지금은 아니지만 그 당시에는 아주 심했어. 게다가 막시모는 참바쿠Chambacú 출신이었으니까.

재선 참바쿠가 어디죠?

안토니오 참바쿠는 카르타헤나 근교에 있는 섬 지역으로 흑인 노예들의 후손이 살고 있던 동네. 만여 개의 판잣집이 다닥다닥 붙어 있는 마을인데 가난하기야 이루 말할 수 없었지. 정부 입장에서는 이곳이 늘 문제나 일으키는 빈민촌에 불과하지 않겠나? 미국의 요구도 있고 하니 이참에 조국과 민주주의의 이름으로 흑인들을 징병해서 '한국 전쟁 참전 콜롬비아 대대'를 조직했지. 흑인들을 전쟁터로 데려가 희생시키고자 하는 인종차별적 목적을 숨기고 있었던 거야. 그런 목적을 가지고 카르타헤나의 경찰은 참바쿠에 들이닥쳤지. 섬 주민들도 그걸 모를 리 없으니 생업을 다 포기하고 어디론가 숨어버렸는데 꽤 많은 청년들이 결국 잡히고 말았어. 막시모도 그중 하나였고. 난 그런 사실을 전혀 몰랐지. 아무튼 그 친구랑은 꽤 가깝게 지냈어.

재선　막시모랑 함께 전쟁터에도 갔었나요?

안토니오　함께 전투에도 나갔었지.

재선　혹시 아저씨도 적군을 쏘아 죽였습니까?

안토니오　전쟁 중이었으니까 당연히 총을 쏘았지. 그런데 사실 내가 쏜 총에 누가 맞아서 다쳤는지 죽었는지는 몰라. 어쩌면 알고 싶지 않은 거겠지. 그런데 막시모는 나보다 더 용감했어. 강제로 끌려와서 도망이라도 치고 싶었을 텐데 말이지. 그러다 우리는 작전상 갈려서 헤어지고 말았어.

재선　한국에는 얼마나 계셨어요?

안토니오　1년 정도 있었을 거야. 신이 도우셨는지 다행히 크게 다치지 않았는데 올 때는 배를 타고 콜롬비아로 돌아왔어. 리, 혹시 보고타에서 한국전쟁 참전 기념탑 본 적 있는가?

재선　아, 예. 국방참모대학 안에 있는 거 말이죠?

안토니오　그렇지. 한국 전통 양식인 것 같던데.

재선　석가탑이라는 우리나라 국보의 모양을 그대로 본떠서 만들었어요. 거기에 한국전에서 전사한 참전 용사의 이름이 새겨져 있다고 들었습니다.

안토니오 그게 1973년이었어. 내가 한국에서 돌아온 지 20년 지난 후였지. 나도 기념식에 참석했다네. 1982년에 대위로 전역했으니 그때만 해도 직업군인 시절이었거든. 역전의 용사들이 다 모였는데 살아남은 자들은 대부분 조국을 위해 목숨을 걸었다는 사실에 자부심을 갖고 있었지. 행사가 끝난 후에는 늘 그렇듯이 맥주를 마시며 떠들썩하게 무용담을 늘어놓았고. 그런데 그 분위기에 찬물을 끼얹은 사람이 있었어. 술에 취한 채 큰 소리로 떠들어댔지.

"조국? 난 그런 거 몰라. 왜 강제로 전쟁터에 끌려갔는지도 몰라. 그냥 먹기 위해 싸웠고 살기 위해 싸웠어. 명예? 내 다리를 빼앗긴 대가가 이 양철 조각이라고? 웃기시네."

그는 훈장을 땅바닥에 팽개치더니 목발을 짚고 나가버렸어.

재선 그 사람이 막시모였군요.

안토니오 체격이 건장한 흑인이었어. 하지만 난 확인할 수 없었어. 그가 막시모였는지 아닌지. 두려웠거든. 많은 흑인들이 전쟁터에서 돌아왔지만 그들의 처우는 나아지지 않았어. 부상을 입고 돌아온 사람들은 일자리조차 구하기 힘들었지. 공장에서 누가 불구자를 쓰겠는가? 대대를 이끈 사령관은 장관 자리에까지 올랐지만 말이야.

쓴웃음을 남기고 안토니오는 자리를 떠났다. 그저 자유민주주의 동맹국을 돕기 위해 파병을 해준 줄로만 알았는데 그 뒤에 이런 불편한 이야기가 숨어 있다니. 그 후로 한동안 내 마음은 무겁기만 했다.

며칠 후부터 우리 집 앞 골목길 공터에서 무료 태권도 교실이 열리기 시작했다. 사범은 해병대 태권도 2단 이재선. 단원은 동네 아이들 10여 명.

"3단 지르기!"

"태! 권! 도!"

아이들이 서툰 한국말로 기합을 넣으며 주먹 지르기를 할 땐 절로 가슴이 뿌듯해진다. 하지만 이 정도의 작은 봉사로 그 옛날 우리나라를 위해 목숨을 바친 콜롬비아 참전 용사들에게 은혜를 갚을 수 있다고는 생각하지 않는다. 그저 내가 할 수 있는 일이기 때문에 하는 것뿐이다.

"한 번 더 3단 지르기!"

"태! 권! 도!"

커피 마을 골목 도장이 쩌렁쩌렁 울린다.

인터뷰어 이재선
인터뷰이 안토니오 호세 하라미요 카스트로Antonio Jose Jaramillo Castro, 82세
1952년 한국전쟁 참전. 1982년 대위로 퇴역
통역 이소영
참고 도서 마누엘 사파타 올리베야Manuel Zapata Olivella,
『참바쿠, 흑인빈민굴: 아프리카계 콜롬비아인과 한국전쟁』

이 글은 안토니오의 인터뷰와 올리베야의 작품을 재구성한 이야기입니다.

콜롬비아 보고타에는
석가탑 모양의 한국전쟁
참전 기념탑이 있다.

고마워요, 안토니오!

골목 도장에 콜롬비아
태권도 꿈나무들의
기합 소리가 울려
퍼지고 있다.

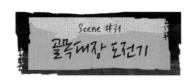

Scene #31
골목대장 도전기

조선번개 정호가 울면서 들어왔다.

수업 시간에 연필로 쿡쿡 찌른다는 크리스티안 때문일까? 일부러 음료수를 쏟는다는 후안 다비드 때문일까? 장난이라면 정호도 만만치 않은데 이곳 아이들 역시 산골 개구쟁이들이라 꽤나 거칠게 노는 편이다.

"아빠, 나 골목대장 할래."

"골목대장? 축구 대표나 학급 반장 뭐 그런 게 아니라 골목대장?"

"응, 골목대장. 그래야 애들이 날 따르지."

그렇다. 골목이 있으면 아이들이 있고 아이들이 있으면 놀이가 있다. 그리고 놀이가 있는 곳에는 종목을 선정하고 아이들을 이끄는 대장이 있는 법이다. 지금 골목대장은 다리오의 아들 니콜라스. 아직까지 엄지손가락을 입에 물고 다니지만 이래 봬도 현직 최고의 골목대장이다. 골목에서 니콜라스의 말은 곧 법이다.

그런데 최근 권력 구도에 이상기류가 흐르기 시작했다. 얼굴에 여드름이 생기면서 니콜라스가 골목에 흥미를 잃어버린 것이다. 바야흐로 열세 살. 사춘기에 접어든 소년은 골목대장 자리를 넘겨주어야만 하는 것이 세상 이치다.

"골목대장 되려면 어떻게 해야 해?"

"음… 골목대장이 되려면 말이지, 무엇보다도 게임을 잘해야 해. 애들 세계에선 잘 노는 게 바로 리더십이지!"

"리더십이 뭐야?"

"음, 리더십이란 말이지…."

"아이고, 아 데리고 잘 논다. 말이 되는 소리를 좀 해라!"

갑작스런 아내의 잔소리에 용맹스런 남자 둘은 깜짝 놀라 골목으로 도망치고 말았다. 사나이의 세계를 이해 못 하는 거지 여자들은. 우리가 지금 무서워서 피한 게 아냐. 이건 기밀 누설을 막기 위한 작전상 후퇴라고! 아무튼 그날 이후 나와 정호는 골목대장 자리를 차지하기 위한 출사표를 던지고 골목 놀이 정복에 나섰다.

첫 번째 놀이는 에스콘디테Escondite. 숨바꼭질과 똑같은 놀이로 술래가 전봇대나 벽에 기대 눈을 감고 100까지 센 다음 숨어 있는 아이들을 찾으러 가는 놀이다. 어슴푸레한 저녁이 되면 골목은 숨바꼭질하기에 딱 좋은 무대가 된다. 골목대장이 되려면 아이들이 어디에 숨어 있든 반드시 찾아내는 능력을 보여야만 한다.

작전대로 정호는 일부러 술래가 됐다. 그리고 벽에 기대서서 수를 세기 시작했다. 이때 수는 세되 귀는 크게 열고, 아이들이 어느 쪽 방향으로 흩어지는지 감지해야 한다. 그리고 골목대장이 되려면 반드시 에스테반을 잡아야 한다. 어느 누가 술래가 되든 에스테반은 신출귀몰했는데 그 녀석을 잡는 기술을 아이들에게 보여주어야 한다. 다행히 오늘 에스테반은 혼자만 슬리퍼를 신고 왔고, 뛰어가는 소리가 정확히 구별

되어서 잡을 수 있을 것 같았다. 너 오늘 잘 걸렸다. 이 정도면 거의 성공한 것이나 다름없다.

하지만 저녁 늦게 들어온 정호는 풀이 죽어 있었다.

"왜? 작전대로 안 됐어?"

"에스테반 그 자식이 숨바꼭질하다 그냥 집에 가버렸어."

아! 모두들 놀고 있는데 혼자 슬그머니 집으로 사라져버리는 신공神攻을 쓰다니. 이건 동서고금을 막론하고 통하는 최고의 내공이 아니던가!

두 번째 놀이는 아솜비아도Azombiado. 얼음땡과 비슷한데 술래(좀비)가 자고 있고, 아이들 중 한 명이 '일어나라, 좀비야'라고 하면 술래가 일어나서 깨운 아이와 같이 나머지 아이들을 잡으러 다니는 놀이다. 이때 잡힌 아이는 역시 좀비가 되어 다른 아이를 잡는다. 모든 아이들이 다 잡혀 좀비가 되면 술래는 사람이 되고 제일 먼저 잡힌 아이가 술래가 되어 다시 시작한다.

이 놀이의 포인트는 잡고 잡히는 게 아니다. 바로 누가 가장 실감 나게 좀비 흉내를 내며 재미를 돋우느냐다. 현재 골목 최고의 좀비는 정호보다 두 살 어린 피페다. 매일같이 광장과 골목을 누비다 보니 발이 무척 빠르고, 흰자위를 드러내고 손목을 꺾으며 잡으러 오면 영락없이 좀비 행색이라 아이들에게 인기가 높다. 차기 골목대장으로 유력한 녀석이다. 정호는 며칠간 좀비 흉내를 연습했다. 그래도 아빠가 명색이 신체극 배우인데 그 정도는 식은 죽 먹기다.

"여기에다 피페가 꿈도 못 꾸는 걸 하나 더 해야 해!"

"그게 뭔데?"

"진짜 좀비처럼 흙바닥에 누워 있다가 잡으러 가야 돼."

해가 떨어지고 골목길에 어둠이 내리면
가로등 아래서 동네 친구들과
어울려 놀던 기억이 되살아난다.

"옷 버리면 엄마한테 혼날 텐데…."

"인마, 골목대장이 그리 쉬운 줄 아냐? 남들 못 하는 걸 해야지."

골목대장이란 말에 정호는 비장한 표정으로 골목으로 달려갔다. 나 어릴 때도 골목대장은 옷을 버리거나 손발이 더러워지는 것을 주저하지 않았다. 그만큼 적극적이어야 골목대장 자격이 있는 것이다. 그러나 그날 저녁에도 정호는 울상이 되어서 집에 들어왔다. 옷은 흙투성이고 손발은 새까맣게 때에 절어 있었다.

"왜? 애들 반응이 안 좋던?"

"아니야, 내가 흙바닥에 누우니까 애들이 정말 좋아했어."

"근데?"

"근데 피페 자식이 날 보더니 한술 더 떠서 개똥 위에 눕잖아."

이젠 최후의 카드를 써야 한다. 아예 놀이를 바꾸는 것이다. 그리고 골목대장의 왕관을 직접 니콜라스에게 받아오는 것이다.

그래서 선택한 세 번째 놀이는 바로 '딱지치기'.

딱지치기라면 나 역시 왕년에 한가락 하던 실력이 있어서 정호에게 제대로 비법을 전수해줄 수 있다. 그런데 마땅한 재료가 없다. 종이가 귀한 이곳에서 박스, 전화번호부 표지 혹은 빳빳한 달력이 있을 리 없다. 할 수 없이 정호의 다 쓴 공책 표지를 과감히 찢었다. 또 아르메니아에서 받은 전단지도 모아서 딱지를 만들었다. 처음엔 다른 아이들 딱지까지 만들어주면서 놀이 규칙을 설명해야 했지만 딱지치기는 순식간에 부에나비스타 마을 골목으로 번져갔다.

네모 딱지를 접는 법은 쉬워서 아이들은 금방 집에서 저마다 자신의 무기를 만들어 왔다. 그러나 왕년의 딱지 제왕 이재선을 아빠로 둔 정호의 무기가 그리 호락호락하게 넘어갈 리 없다. 정호는 아이들을 상대로 차례차례 승리를 거뒀다. 이제 남은 상대는 니콜라스뿐. 아이들 모두가 지켜보는 앞에서 위풍당당하게 이겨 골목대장 자리까지 넘겨 받아야 한다.

첫판은 정호의 완승이었다. 가볍게 니콜라스의 딱지를 넘겨버렸다. 둘째 판도 역시 정호가 이겼다. 하지만 니콜라스는 상황을 즐기는 듯 전혀 억울한 표정이 아니었다. 저 여유는 뭘까? 잠시 후 니콜라스는 방에 들어가서 얼굴만 한 대왕 딱지를 가져왔다. 모두들 놀라는 눈치였다. 대체 어디서 저 두꺼운 종이를 얻었을까?

정호의 딱지는 대왕 딱지의 입김에 힘없이 뒤집혔고, 아이들은 역시 골목대장이라는 표정으로 니콜라스를 황홀하게 쳐다보기만 했다. 이대로 물러설 수는 없다. 아들의 복수를 위해서 이번엔 내가 딱지를 들었다. 20년 넘는 세월을 잠자다 이제 머나먼 콜롬비아에서 봉인이 풀린 딱지가 눈을 뜨는구나. 오냐, 오늘 너희들은 딱지의 전설을 보게 될 것이다.

온몸의 기를 모아 니콜라스가 접어 온 대왕 딱지를 힘 있게 내리치는 순간 내 딱지는 어이없게도 대왕 딱지의 귀퉁이에 걸린 채 붙어버렸고, 니콜라스는 대왕 딱지를 들어 올리며 내 딱지를 가볍게 넘겨버렸다. 졌다! 가르쳐주지도 않은 '그물'이라는 규칙을 어떻게 알았을까? 구글을 검색해도 나오지 않을 텐데…. 수년 간 골목대장 자리를 지킨 니콜라스의 내공이 엿보인 승부였다. 조선번개가 후계자 자리를 차지하기에는 역부족임을 인정해야만 했다.

그리고 얼마 후 브라질 축구 선수 호나우지뉴를 닮은 후안 카를로스가 새로운 골목대장이 되었다. 카를로스는 언제나 골목을 지키며 어떤 놀

이에도 빠지지 않는다. 또 외모만큼이나 축구를 잘한다. 게다가 웬만큼 주먹도 쓰는 모양이었다. 골목대장의 자격을 두루 갖춘 아이다. 그런데 골목대장이 바뀌고 나서는 정호가 학교에서 울며 오는 일이 없어졌다. 갑자기 아이들이 착해진 것도 아닐 텐데 어찌된 일일까? 다행스러운 일이지만 궁금하기도 했다.

"정호야, 요즘은 애들이 안 괴롭혀?"

"응, 날 괴롭히면 카를로스 형이 가만 안 둔다고 애들한테 말했어."

"이야, 우리 정호가 골목대장하고 친하구나?"

"그게 아니라 골목대장이 우리 누나를 좋아해. 같은 반이잖아."

세상 모든 권력은 남성이 쥐고 있다고? 착각이다!

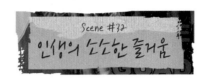

인생의 소소한 즐거움

더울 땐 아이스크림이 최고다.

이건 나이가 들어서도 마찬가지인데 때로는 아이들보다 내가 더 먹고
싶어 동전을 챙겨 집을 나서곤 한다. 산골 마을 부에나비스타에는 크
게 두 종류의 아이스크림이 있다. 하나는 우리나라 슈퍼에서 파는 것
과 비슷한데 콘이나 바 형태의 아이스크림으로 대부분 초콜릿이 발려
있다. 먹어본 사람이라면 누구나 공감하겠지만, 초콜릿이 발린 아이스
크림은 맛있지만 갈증을 시원하게 풀어주지는 못한다.

또 다른 아이스크림이 바로 엘라도Helado다. 엘라도는 생과일을 갈아서
손잡이가 달린 컵에 담아 얼린 것이다. 유제품이 들어 있지 않으니 아
이스크림이라기보다 아이스 과일이라고 표현하는 게 맞는데 이게 참
시원하고 맛있다. 나는 주로 아이스크림보다 엘라도를 사 먹는데 재미
있는 것은 가정집에서도 엘라도를 판다는 것이다. 두어 집 건너 한 집
마다 엘라도라고 써 붙여 놓은 것을 볼 수 있는데 대문을 두드리고 망
고나 코코넛, 땅콩 토핑 중 하나를 고르면 된다. 여기는 동전을 가져가
야지 그렇지 않으면 잔돈이 없다고 안 파는 경우가 많다. 정식으로 허
가받고 파는 가게가 아니니까 뭐라고 할 수도 없다. 그런데 희한하게

도 엘라도가 먹고 싶을 땐 꼭 동전이 없다.

"소영 엄마, 장 볼 거 없어? 내가 갔다 올게."

장을 보면 잔돈이 생기기 마련이다. 글로리아네 마트에서 빵과 우유를 사고, 호세네 채소 가게에서 바나나, 감자, 양파, 당근을 사고 잔돈을 건네받는데 개수가 모자란다. 만 페소를 냈으니 채소값 6,300페소를 빼고 나면 거스름돈은 3,700페소. 지폐 세 장에 동전이어야 하는데 지폐 한 장에 동전 몇 개다. 지폐 한 장을 대신하려면 동전을 잔뜩 주어야 하는데 이건 아니다. 내가 잔돈과 호세를 번갈아 쳐다보자 호세가 씨익 웃는다. 이제 좀 친해졌다고 이런 장난을 치면 곤란하지…. 호세를 잔뜩 노려보며 한마디 하려는데 호세가 먼저 받아친다.

"리, 처음 봤지? 이번에 1,000페소짜리 동전이 새로 나왔어."

"뭐? 1,000페소짜리 동전?"

옆에서 지켜보던 소영이가 동전을 집어서 보더니 눈을 반짝이며 덧붙였다.

"옛날 동전에는 귀걸이가 새겨져 있었는데 이번에는 거북이로 바뀌었네."

"소영아, 1,000페소짜리 동전이 있었어?"

"나도 딱 한 번 봤어. 우리 마을에서는 안 보이던데 신기하네."

구경난 듯 쳐다보고 있자니 호세가 마음 좋은 미소를 띠며 내 어깨를 툭 쳤다.

부에나비스타 산골 마을에서 보기 힘들었던 1,000페소짜리 동전의 앞면을 장식한 인물은 콜롬비아의 민중주의자이며 자유주의 정치가인 엘리에세르 가이탄Elieser Gaitan이다.

"동전 잘생겼네."

내가 바지 앞섶에 동전을 문지르고 호주머니에 고이 넣는 걸 보고 소영이가 웃으며 말했다.

"우리도 동전 모을까? 아나 마리아 아빠처럼?"

"아, 맞다. 시르카시아Circasia!"

소영이의 한마디에 잊고 있었던 약속 하나가 떠올랐다. 지난해 우리 가족과 함께 에콰도르를 여행했던 아나 마리아. 늘 밝은 웃음으로 길 잡이 역할을 해주었던 아나 마리아의 집은 킨디오 주 북쪽에 있는 시르카시아다. 이곳도 커피 생산지로 유명한데 부에나비스타보다는 당연히 크며 킨디오에서는 아르메니아와 칼라르카, 몬테네그로Montenegro 다음으로 큰 마을이다.

시르카시아는 우시장이 열리는 곳으로 유명하며 아르메니아와 가깝기 때문에 커피 농장을 구경하려는 관광객들이 많이 온다. 광장에는 커피가 맛있고 분위기도 좋은 카페가 많이 있는데 그중에 구아두알Guadual 이라는 곳은 매일 수확한 신선한 커피콩을 바로 탈곡해서 볶아주는 것으로 이름나 있다.

에콰도르로 여행을 떠나기 전에 만난 아나 마리아의 아빠는 우리에게 비틀즈 LP 음반과 각국의 동전을 보여주었는데, 한국의 동전은 없다면서 기회가 있으면 갖다 주면 좋겠다고 부탁했었다. 그걸 까맣게 잊고 있었던 것이다.

시르카시아 광장에 버스가 멈추었다. 나무 그늘 아래에서 노인들이 띤또를 마시며 느린 오후를 즐기고 있었다. 이쪽 아래로 가는 길인가? 기억을 더듬어 어렵게 집을 찾았는데 다행히 아나 마리아의 아버지가 있었다. 한국에서 가져온 10원, 50원, 100원, 500원짜리 동전을 직접 건네주었다. 그런데 기대와는 달리 반기는 표정 없이 지친 기색이 역력했다. 오토바이 사고로 뇌를 다친 이후로 집에만 있어서인지 지난해에 비해 훨씬 늙어 보였다. 동전을 주기로 했던 약속은커녕 우리가 누구인지조차 기억을 못 하는 눈치였다. 아나 마리아라도 있었으면 좋았을 텐데 학교에서 돌아오려면 저녁이나 되어야 한다고 했다.

나는 휴대전화를 꺼내서 지난해에 왔을 때 찍은 동영상을 아나 마리아 아버지에게 보여주었다. 그제야 기억이 난 듯 표정이 살아나기 시작했다. 다시 동전 통을 가져오더니 그때처럼 온 나라의 동전을 설명해주었다. 그리고 선물받은 한국 동전을 잘 넣어두었다. 지난해와 똑같은 순서로 비틀즈의 LP와 탱고 음악을 들려주며 지난날의 활기를 되찾는 듯했다.

어쩌면 아나 마리아 아버지에게 인생의 즐거움이란 동전 모으기와 음악 듣기였을 수도 있다. 가족을 위해 열심히 일하다 틈틈이 즐기던 일상의 기쁨. 아나 마리아의 아버지는 도안이 바뀐 1,000페소짜리 동전을 선물로 주었고, 나는 한국에 동전이 새로 나오면 꼭 다시 가져올 테니 그때까지 건강하시라고 인사했다. 아나 마리아의 아버지는 아내와 내가 골목 어귀에서 사라질 때까지 손을 흔들어주었다.

"오길 참 잘했네."

"좋아하실 줄 알았어."

"근데 한국에도 천 원짜리 동전이 나올까?"

"한국에도 천 원짜리 동전 나왔었어."

"뭐?"

"기념주화긴 하지만 1982년도인가? 제5공화국 때 한 번, 1988년 서울

올림픽 때 한 번. 아시안 게임 때도 있었을 걸?"

"아! 이제 커피 마시러 가자."

"커피를 마시고 우시장에 갈까? 우시장 갔다가 커피를 마실까?"

"커피 마시고 우시장 갔다가 다시 또 한 잔 마시지 뭐."

광장 카페에선 때마침 비틀즈의 옐로 서브마린Yellow Submarine이 경쾌하게 흘러나오고 있었다.

"저기야?"

"맞다. 카페 델 구아두알Cafe del guadual!"

보통 케이크 조각을 접시에 담아 오면 포크로 뾰족한 부분을 먼저 잘라 먹는다. 카페가 꼭 그렇게 생겼다. 길거리 모퉁이를 모나지 않게 베어서 입구를 만들고 양쪽 옆으로도 문을 냈다. 문이 창이고 창이 문인 셈이다. 진한 커피 향이 없었다면 길모퉁이가 카페인 줄도 몰랐을 것이다. 커피 향이 최고의 간판이자 인테리어다.

카페 앞에는 하늘색 자전거가 세워져 있었고, 오른쪽 문 앞에는 커피 자루가, 왼쪽 문 앞에는 좁고 기다란 나무 의자가 소박하게 놓여 있었다. 아나 마리아가 꼭 한번 가서 커피 맛을 봐야 한다고 적극 추천한 집이다.

안으로 들어서니 공간은 더 좁았다. 주인장이 모아온 그림, 조각품, 농기구, 오래된 물건 들이 카페를 가득 채우고 있었다. 그러다 보니 손님을 위한 테이블과 의자는 구석에 놓였다. 아내와 나는 카페라테와 띤또를 한 잔씩 시켰다.

사람을 기분 좋게 만드는 향기. 융드립으로 내린 커피를 한 모금 마셨다. 강하지 않은 커피 맛이 처음엔 심심했는데 웬걸, 목 넘김 후 화려하

게 남는 뒷맛이 입안을 가득 채워주었다. 강하게 시작해서 여운 없이 갑자기 툭 끊어지는 커피와는 비교가 안 된다. 소문대로 기가 막힌 맛이었다.

카페를 찬찬히 살펴보니 값비싸거나 귀한 골동품들은 별로 없었다. 벽에 걸린 큰 그림도 작품이라기보다 생활 소품에 가까웠다. 그중에서 내 눈길을 사로잡은 것은 누군가 그려준 듯한 스케치들이었다. 커피 농장에서 일하고 있는 콜롬비아 아낙네의 웃는 얼굴 그리고 '카페 델 구아두알'이라고 쓰인 커피 자루를 싣고 가는 농부를 담은 그림도 있었다. 고가의 미술품을 카페에 전시하는 것보다 이렇게 소박한 그림을 벽면에 아무렇지 않게 풀로 붙여서 꾸민 모습이 더 편안한 느낌을 주었다. 예술은 저 높은 곳에 있는 것이 아니라 바로 우리 곁에 있는 것이니까.

뭐니 뭐니 해도 카페에서 가장 눈에 띄는 것은 새빨간 커피 로스터였다. 2.5킬로그램 용량쯤 될까? 고급 브랜드 커피 로스터와는 거리가 멀어 보이지만 군데군데 벗겨진 칠이나 세월의 윤기가 멋스러움을 더해주었다. 볶은 커피를 식히는 역할은 선풍기가 담당하고 있었다. 사실 커피를 볶은 후 온도를 얼마나 빨리 떨어뜨리느냐에 따라 향과 맛이 달라지기 때문에 고급 로스터에는 훌륭한 쿨링 시스템이 장착돼 있기 마련이다. 하지만 콜롬비아 시골 마을에 그런 여유가 있을 리 없다. 이곳에서 볶은 커피를 최대한 빨리 식히는 방법은 단 한 가지. 선풍기를 강풍으로 두고 고개를 숙여 최대한 커피 가까이 대는 것이다.

정신없이 사진을 찍고 있자니 주인이 다가왔다. 콜롬비아에 처음이냐고 물었다. 시르카시아에서도 동양인은 흔히 볼 수 없다. 커피 맛이 좋다고 이야기했더니 신이 난 주인이 창고를 보여주었다. 카페 델 구아

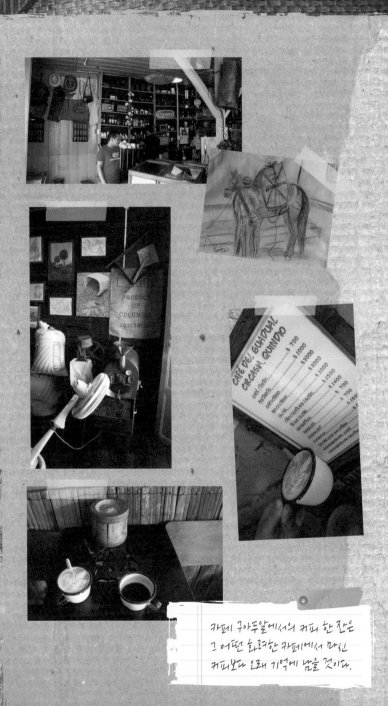

카페 구아두알에서의 커피 한 잔은
그 어떤 화려한 카페에서 마신
커피보다 오래 기억에 남을 것이다.

두알 커피 맛의 비결은 속껍질이 있는 상태로 콩을 보관했다가 그날그날 로스팅할 만큼만 탈곡해 쓴다는 점이었다. 쉽게 말하면 우리가 하루 먹을 양만큼 쌀을 도정해서 밥을 지어 먹는 것과 같다. 밥맛이 좋을 수밖에 없고 커피 맛이 훌륭할 수밖에 없다.

부에나비스타행 버스가 왔다.

애들이 수업을 마치고 오기 전까지 돌아갈 생각이었는데 생각보다 많이 늦고 말았다. 엄마 아빠가 시르카시아에 갔다 온다고 말은 했지만 집 열쇠를 주지 않아서 걱정스럽다. 무서워하지는 않을까? 울지는 않을까? 걱정하는 아내의 등을 두드려주었지만 불안한 건 나도 마찬가지였다. 버스 창밖으로 바람이 불었다. 바람은 초원의 풀을 흔들고 소는 꼬리를 흔들며 풀을 뜯는다. 소는 배가 부르고 나는 배가 고프다.

"정희야, 꼬리곰탕 먹고 싶다."

"지금 애들이 어디 있는지도 모르는데 그런 소리가 나와?"

그래도 먹고 싶은 건 먹고 싶은 거다. 꼬리곰탕, 설렁탕, 소고기국밥, 선짓국, 돼지국밥, 순대국밥…. 오전에 시르카시아 우시장을 구경했을 때부터 줄곧 머릿속에 맴도는 것들이라고는 한국의 '국물'뿐이었다. 야트막한 언덕 아래에 자리 잡은 우시장에는 가축을 싣고 온 트럭들이 줄을 이었다. 콧수염을 기르고 모자를 쓴 콜롬비아노들이 소를 사고팔았다. 그런데 소의 생김새가 우리나라 소와는 조금 다르다. 콜롬비아의 소는 아프리카종과 교배한 녀석들이라 귀가 길쭉하고 등에 혹 같은 것이 볼록하게 튀어나와 있다. 언뜻 보면 갈비뼈가 드러나서 야위어 보이는데 우리나라 소처럼 축사에 가둬놓고 키우지 않아 군살이 없기 때문이다.

시장 한편이 갑자기 시끄러워졌다. 어린 송아지 한 마리가 팔려 가기 싫었는지 바닥에 드러누워서 꼼짝을 않는 모양이었다. 우시장이니까 도축도 하고 고기도 판다. 죽음의 냄새는 소들을 공포에 떨게 만든다. 당장 도축장으로 끌려가지 않는 송아지들이라도 본능적으로 그 냄새를 맡는 것일 게다. 소의 생김새는 다르지만 우시장의 분위기도 우리나라와 똑같고 소의 슬픈 눈도 똑같다. 그리고 국밥 한 그릇을 원하는 내 식욕도 똑같다.

버스 창밖으로 풀을 뜯는 소들이 보일 때마다 국밥 생각이 간절해졌다. 물론 콜롬비아에도 국이 있다. 아히아코Ajiaco는 감자, 닭, 옥수수를 넣어 자작하게 끓인 수프고, 몬동고Mondongo는 돼지 내장을 넣어 만든 수프인데 많이 비리다. 그에 비하면 돼지국밥은 세련된 맛이다. 내 입에는 닭을 넣고 푹 우려낸 산코초가 제일 맛있다. 하지만 콜롬비아에서는 보통 국에 실란트로(Cilantro: 고수)를 넣는데 특유의 향 때문에 적응하기가 힘들다. 깍두기에 국밥 한 그릇을 생각하니 기분이 더욱 우울해졌다. 아내도 내 표정을 보았는지 내 손을 꼭 잡아주었다.

"당신도 걱정되지? 애들…."

"응? 그래."

버스가 부에나비스타에 도착하자마자 아내의 걱정은 사라졌다. 광장에서 아이들과 신 나게 놀고 있는 정호가 보였기 때문이다.

"정호야, 누나는?"

"누나는 나탈리아 집에서 숙제하고 있어."

"거봐, 애들은 잘 있다니까. 이제 정육점에 가보자."

아내가 눈을 흘기면서도 웃음을 지었다. 고깃국이라도 끓여서 먹겠다는 내 소망이 전해진 모양이었다. 부에나비스타에는 정육점이 두 군데 있는데 보통 금요일에 고기가 들어오면 일요일쯤 다 팔린다. 돼지고기와 소고기 가격이 비슷한데 보통 1리브라Libra(약 450g)에 5,000페소 정도니까 한국 돈으로는 2,000원 남짓이다. 그러니까 소고기 1킬로그램을 5,000원에 살 수 있다는 이야기다. 부위별 가격도 크게 다르지 않아 안심이나 등심도 비슷한 가격에 살 수 있다. 정육점에 가니 벌써 다리 하나가 다 팔렸는지 뼈를 발라내고 있었다.

"고놈, 무릎 참 실하네."

"한국 마트에 가면 우족이 많이 비싼데."

"저걸 솥에 넣고 푹 끓이면 진한 국물이 끝내줄 텐데."

"여기 사람들은 그 맛을 모르겠지?"

순간 집사람과 나는 눈이 마주쳤다.

"혹시?"

"에이, 설마…."

나는 정육점 주인에게 저 우족은 얼마냐고 물어보았다. 안 팔고 버린다고 했다. 우리는 그날 우족 하나를 공짜로 얻었다. 살점도 많이 붙은 맛있는 우족을.

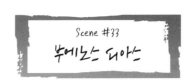

Scene #33
부에노스 디아스

아침 6시면 부에나비스타에는 어김없이 해가 떠오르고, 창문 틈 사이로 온갖 새소리가 들려온다. 첫 번째 알람 소리다. 좀 더 자고 싶은 마음에 머리 밑 베개를 빼내서 귀를 막는다. 새소리가 줄어든다. 하지만 평화도 잠시뿐. 두 번째 울리는 알람 소리는 도저히 끌 수가 없다. 옆집 페르난도가 풀어 키우는 닭 울음소리는 멈출 방법이 없다. 베개로 막을 수 있는 목청이 아니다. 평소에 주는 모이가 적은지 이른 아침이면 우리 집 문 앞을 서성이며 고래고래 소리를 지른다.

'키키드리스키!'

내 귀에는 분명히 '꼬끼오'로 들리는데 여기서는 '키키드리스키'란다. 그래도 휴대전화 알람보다는 훨씬 듣기 좋은 소리다. 콜롬비아로 온 이후로는 매일같이 닭 울음소리에 잠이 깬다. 퉁퉁 부은 눈을 비비고 침대에서 내려오면 제일 먼저 동쪽으로 난 창문 커튼을 연다. 날씨가 좋을 때 아르메니아 공항이 있는 테바이다Tebaida와 몬테네그로까지 보인다. 오늘은 운무가 기가 막히다. 킨디오 주의 전망대라는 애칭이 부족하지 않을 만큼 부에나비스타는 멋진 아침 풍경을 선사해준다.

앞집 지붕에 노란 카나리아가 날아와 앉았다. 그 아래로 마을 청소부

이자 아내의 에어로빅 파트너인 프란시가 잠시 비질을 멈추고 아침 인
사를 한다.

"부에노스 디아스Buenos dias." (좋은 아침.)

꼼꼼하고 성실한 프란시 덕분에 부에나비스타 광장과 골목은 늘 깨끗
하다. 아직 결혼도 안 한 처녀라서 프란시를 볼 때마다 연극하는 후배
들이 생각난다. 농촌 총각들은 장가를 못 가지만 도시 총각들은 장가
를 안 간다. 청년 실업이 늘고 집값도 많이 올라서 결혼할 엄두가 안 난
다고 한다. 직장이 있어도 벌이가 시원찮아 혼자 쓰기도 빠듯하단다.
그래서 연애는 해도 결혼은 싫단다. 결혼의 첫 번째 자격이 경제력이
라면 나도 자격 미달이다. 옆집 페르난도도 자격 미달이다. 이곳 부에
나비스타에는 자격 미달인 사람들이 수두룩하다. 그런데도 다들 결혼
을 하고 아이를 낳아 행복하게 살아간다. 사랑은 머리로 하는 것이 아
니라 가슴으로 하는 것이다. 자격 미달인 나는 그렇게 믿고 살아간다.

아내가 초코라테를 만들 동안 나는 광장 빵집으로 '판 데 밀Pan de mil'을
사러 간다. 판 데 밀은 천 원짜리 빵이라는 뜻으로 7인치 정도 크기의
빵에 치즈가 들어 있다. 빵이 부드러워서 초코라테에 찍어 먹으면 아
침 식사로 그만이다. 게다가 천 원이라니. 나 같은 자격 미달이 가족을
먹여 살리는 데는 안성맞춤 아닌가?

아! 난 이른 아침에 빵 굽는 이 냄새가 정말 좋다.

광장 빵집은 아침마다 형제가 교대로 문을 여는데 오늘은 형 엑토르가
나와 있다. 손에 밀가루가 묻은 엑토르는 팔뚝을 내밀며 악수를 청한다.

"부에노스 디아스."

난 그의 팔뚝을 잡고 악수를 하며 아침 인사를 한다. 여기선 악수를 할

때 오른손이 더럽거나 물건을 들었을 때는 오른 팔뚝을 건네곤 하는데 절대로 왼손을 쓰는 일은 없다.

"올라, 리. 알 라 오르덴Hola, Lee. A la orden."(안녕, 리. 어서 와요.)

"판 데 밀 포르 파보르Pan de mil por favor."(천 원짜리 빵 주세요.)

"리 시엠프레 판 데 밀Lee siempre pan de mil."(리는 언제나 천 원짜리 빵이군.)

빵값을 치르고 집으로 걸어오는데 아침 조깅을 마치고 돌아오는 테니스 선생님 이반이 반갑게 인사한다.

"부에노스 디아스."

이반은 내게 요즘 왜 통 보이지 않냐며 안부를 물었다. 나는 지난 코르도바Córdoba 마라톤 대회에 참가한 후 무릎이 좋지 않아서 조깅을 좀 쉬고 있다고 했다. 그리고 상태가 좋아지면 테니스도 다시 나가겠다고 덧붙였다. 빵을 들고 집으로 내려오는 계단에서 잠시 걸음을 멈추었다. 무릎 통증은 오르막보다 내리막에서 훨씬 심해지기 때문이다. 이웃 마을 코르도바에서 열렸던 마라톤 대회가 또 생각났다.

평지가 없었다. 마라톤 코스가 줄곧 오르막 아니면 내리막이었다.

"조금만 힘내."

한국에 있을 때 풀코스를 완주한 내가 아내에게 한 소리가 아니다. 달리기를 시작한 지 얼마 안 된 아내가 내게 한 소리다. 콜롬비아에 와서 달리기를 시작한 아내는 부쩍 체력이 강해졌지만 난 잦은 축구 시합으로 인해 무릎 통증을 얻은 것이다.

저 오르막만 넘으면 반환점이다. 숨은 차지 않는다. 체력도 아직 충분하다. 제발, 무릎아 버텨다오. 하늘에는 구름 한 점 없다. 땀이 자꾸 눈에 들어가 따갑다. 오르막을 넘자 코르도바 공무원들이 시원한 봉지 물을 나누어준다. 이로 모서리를 조금 뜯어 머리에 뿌리고 입을 적신 다음 아내에게 건넸다. 아내 역시 얼굴에 물을 뿌려서 체온을 식혔다.

종이에 매직으로 쓴 숫자 40. 아내의 등 번호가 물 때문에 조금 번졌다. 무릎 통증으로 속도가 줄어든 나는 아내 등만 보고 달렸다. 내 등 번호는 몇 번이었더라?

14514번. 춘천 마라톤에 참가했을 때 내 등 번호였다. 2만여 명이 참가한 춘천 마라톤에는 하프코스가 없다. 모든 참가자가 풀코스를 달린다. 그래서 기록대별로 출발하는데 모든 참가 선수가 출발하려면 30분은 족히 걸린다. 춘천 마라톤은 달리기에 더없는 환경을 제공한다. 2.5킬로미터마다 물 스펀지와 급수대를 마련해두었고 코너별로 자원봉사자들이 응원해준다. 의암호를 따라서 도는 평탄한 코스는 달리기도 좋을 뿐더러 가을 낙엽이 떨어져 수채화처럼 아름답다.

코르도바 역시 아름다운 커피 마을이다. 부에나비스타보다 고도가 조금 낮아서 옥수수와 오렌지 같은 다른 농작물도 함께 재배하는데 특이하게도 마을에 평지가 하나도 없다. 20미터 남짓한 광장 한쪽 면만 평평하고 나머지는 모두 비탈이었다. 이 정도면 산악 마라톤이라 해도 과언이 아니다. 마을을 세 바퀴 도는 전체 코스는 9킬로미터. 단축 마라톤 정도의 거리지만 시작부터 내리막이었다. 무릎 통증이 극심해지면서 현기증이 일었다. 순위는 중요하지 않다. 마라톤의 의미는 완주에 있다.

우리 부부가 도착하고 나서야 코르도바 공무원들은 교통 통제를 풀었다. 꼴찌라는 뜻이다. 하지만 아내의 얼굴은 완주에 성공했다는 기쁨으로 가득했다. 적어도 그 순간에는 나도 무릎 통증을 느낄 수 없었다. 사랑하는 사람과 함께한다는 것이 바로 이런 느낌이구나.

빵을 들고 집으로 들어서자 초코라테 향이 집 안 가득하다. 콜롬비아의 초코라테, 특히 커피 농사를 짓는 카페테로Cafetero 지역에서는 초코라테에 우유를 넣지 않고, 파넬라를 넣고 끓인 물에 카카오를 몇 조각 넣어 만든다. 초코라테를 만들 때는 반드시 몰리니요Molinillo라고 불리는 나무 막대로 부드럽게 저어주어야 한다. 파넬라와 카카오의 비율은 집집마다 조금씩 다른데 누비아는 파넬라를 많이 넣어 단 편이고 루이스의 아내 이사벨은 파넬라를 적게 넣고 카카오를 많이 넣어 진하고 쌉쌀하다. 반면 옆집 페르난도는 파넬라도 카카오도 조금만 넣기 때문에 맛이 좀 싱겁다.

부에나비스타에서 가장 맛있는 초코라테는 당연히 아내가 만들어주는 이 아침의 초코라테다. 적당한 단맛과 적당히 진한 카카오 향이 판 데밀을 찍어 먹기에 딱 좋기 때문이다. 매일매일 조금씩 파넬라와 카카오 양을 조절하며 얻은 최적의 균형. 거기에 신선한 파파야와 망고에 레몬을 살짝 뿌려서 만든 샐러드. 아, 최고의 아침 식사다.

늦잠을 잔 아이들이 식탁으로 오며 아침 인사를 한다.

"부에노스 디아스."

소박하지만 충만한
아침 식사.

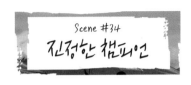

"풀 뜨러 가자."

후안 카를로스가 호세를 불렀다. 오랜만에 맞이하는 느긋한 일요일이라 막내랑 슬리퍼를 질질 끌면서 광장에 나왔는데, 뭐? 풀 뜨러 가자고?

"리, 바모스Lee, vamos."(리, 갑시다.)

집에서 나오던 다리오도 나를 부른다. 무슨 일이지? 그러고 보니 광장에 사람들이 별로 없다. 누비아와 함께 있던 아내가 궁금증을 풀어주었다.

"콜리세오 옆에 인라인스케이트 경기장을 짓는데, 마을 사람들이 다 거기 가서 돕고 있나 봐."

그렇다. 여기는 콜롬비아 산골. 마을에 무슨 일이 생기면 모두들 소매를 걷어붙인다. 물론 공사를 담당하는 인부와 공무원 들이 있지만 여기에서는 그 인력으로 턱도 없다. 부에나비스타의 실내 체육관 콜리세오 옆 공터는 다목적 공간이다. 시멘트로 바닥을 다진 후 농구대와 작은 축구 골대를 세워서 어른 아이 할 것 없이 노는 곳이다. 그런데 마을에 인라인 열풍이 불자 이곳에 경기장을 짓기로 한 모양이다.

공터에는 시멘트 바닥 주위로 웃자란 풀들이 거의 숲을 이루고 있었다. 남자들은 칼로 풀을 베어내고 여자와 아이 들은 갈퀴로 잘린 풀을 끌어모아 외발 수레에 담아 날랐다. 다리오는 아예 예초기를 둘러매고 구석구석 억센 풀을 잘라냈다. 한 세 시간을 그렇게 풀과 씨름한 후에야 공터 주변이 깔끔하게 정리됐다. 그다음엔 주변에 어지러이 널린 보도블록 파편이나 돌을 치우는 작업이 시작됐다. 쉬는 시간에는 공무원들이 마실 것을 나눠주었다.

"우와! 이거 공짜야?"

막내 정호가 신이 나서 음료수 잔을 받아 들었다.

"우리가 흘린 땀의 대가지."

나도 띤또 한 잔을 들고 콜리세오의 붉은 벽돌담에 기대앉았다.

모두들 열심이다. 뙤약볕에 저렇게 몇 시간씩 일한다고 해서 돈 한 푼 생기는 것도 아니다. 그래도 다들 풀을 베고 돌을 옮기며 웃는다. 뭐, 아무 연관도 없는 마을 사람들이 고생을 자처하는 것은 아니다. 봉사하러 온 사람 대부분은 인라인을 배우는 학생의 가족인데, 그렇다고 해서 의무적으로 참가해야만 하는 일도 아니기에 더 보기 좋은 풍경이다.

오후가 되자 공사 책임자로 보이는 사람이 와서 나무 말뚝으로 트랙의 코너 부분을 표시했다. 눈대중으로 경기장 크기를 가늠해보니 트랙이 그리 커 보이지는 않았다. 하지만 코너에는 바깥쪽을 돋우고 안쪽을 내려 경사를 만든다니까 제대로 속도를 내며 경기할 수 있을 것 같았다. 정호가 나무 막대로 그어놓은 둘레를 따라 달리면서 인라인 타는 흉내를 냈다. 아내가 소리쳤다.

"정호야, 조심해."

"꼬마야, 조심해."

우쒸! 꼬마라니? 나 중3이야, 중3. 고등학생 한 무리가 나를 밀치면서 롤러장 한가운데로 나아갔다. 롤러스케이트 실력을 뽐내기라도 하듯 한 바퀴 원을 그리며 크게 돌더니, 앞뒤로 화려한 기술을 선보이면서 예쁜 누나들에게 접근해 수작을 부렸다. 그래, 바로 저거야. 저런 게 먹힌다니까. DJ 박스에서는 머리를 노랗게 물들인 형이 런던 보이즈의 할렘 디자이어Harlem Desire에 맞춰 몸을 흔들어대고 있었다.

"몇 문수고?"

롤러스케이트를 빌려주는 데스크에서 아저씨가 물었다. 음악 소리 때문에 처음엔 무슨 말인지 몰랐다.

"신발 몇 미리냐고?"

"아, 240이요…."

꼬질꼬질하게 때가 묻은 롤러스케이트를 받아 들고는 들뜬 마음으로 구석진 의자에 앉아 끈을 졸라맸다. 너무 길어서 처음엔 어떻게 묶어야 할지 몰랐다. 다른 사람들은 어떻게 하나 힐끔 살펴보니 신발 바닥으로 끈을 칭칭 감아서 마무리했다. 모든 것이 처음이었다. 너무 긴장해서였을까? 화장실 신호가 왔다. 아무 생각 없이 벌떡 일어났다가 그대로 엉덩방아를 찧었다.

'이걸 다시 벗어? 아니야, 그냥 신고 가보자.'

벽을 잡고 기둥을 돌고 엉금엉금 기어서 DJ 박스 옆에 있는 화장실에 겨우 도착했다. 그렇게 멀 줄은 몰랐다. 항공사고도 원래 이착륙 5분 전이 가장 많다고 했던가? 화장실 입구 문턱을 넘으려고 다리 하나를 드는 순간 눈앞이 캄캄해졌다. 아픈 것보다 부끄러운 게 더 힘든 나이였다.

몇 달이 지나서 나는 부러워하던 형들보다 롤러스케이트를 더 잘 탈 수 있게 됐다. 하지만 예쁜 여학생을 사귈 수는 없었다. 기타를 잘 치거나 롤러스케이트를 잘 타는 남학생이 인기 있는 것이 아니라 기타를 잘 치거나 롤러스케이트를 잘 타는, '잘생긴' 남학생이 인기가 있다는 걸 그때는 몰랐다. 그때 학생들에게 최고의 인기 장소였던 동인 롤러스케이트장은 지금 꽃시장으로 바뀌었다.

인라인 경기장 공사는 석 달 동안 계속됐다. 공간이 좁다 보니 다른 마을의 경기장처럼 관중석을 마련하지는 못했지만 모두가 힘을 합해 지은 경기장이기에 그저 뿌듯했다. 경기장 준공을 기념하는 인라인 대회가 열리던 날, 부에나비스타 응원단과 이웃 마을에서 온 응원단이 서로 기 싸움을 벌이며 트랙 주위를 둘러쌌다. 출발선에 선 정호의 눈이 매서웠다. 꼭 이겨서 트로피를 받겠다는 의지로 불타올랐다. 내 눈에도 트로피는 멋져 보였다. 인라인 선수 조각이 올려진 황금색 트로피는 정호가 탐낼 만했다.

정호가 속한 8~9세 그룹은 트랙을 두 바퀴 도는 단거리 경주에 출전했다. 정호는 오전에 열린 예선전에서 1등을 차지했는데, 결승전에서도 1등을 하면 트로피를 받고 그렇지 않으면 메달을 받는다.

"정호야, 지더라도 메달은 확보했으니 너무 부담 갖지 마."

"싫어, 나 트로피 탈 거야!"

조선번개가 강한 의지를 보였다. 그래, 남자가 배짱이 그 정도는 돼야지.

탕!

다섯 명의 어린 인라인 선수들이 힘차게 출발했다. 정호는 트로피를 흘낏거리다 조금 늦게 움직였다. 4등으로 첫 번째 코너를 돌았다. 그러나 곧 직선 주로에서 한 명을 따라잡자 사람들이 일제히 정호를 응원하기 시작했다. 부에나비스타 홈구장인데다가 정호가 외국인이다 보니 원정을 온 다른 마을의 응원단까지 가세한 것이다. 힘이 난 조선번개는 막판 질주를 했고 선두로 달리던 선수와 거의 나란히 결승선을 통과했다.

정호는 가쁜 숨을 몰아쉬며 상기된 얼굴로 판정을 기다렸다. 그러나 아쉽게도 2등이었다. 바퀴 하나 차이로 정호가 조금 늦었다고 했다.

"괜찮아, 잘했어! 최선을 다하는 게 더 중요한 거야."

등을 토닥여주며 위로했지만 정호는 트로피를 못 탄 것이 못내 아쉬운 모양이었다. 그때였다. 소영이 친구들이 항의하는 소리가 들렸다. 1등을 한 아이가 10살이라는 것이다. 10살짜리가 8~9세 경기에 참가했으니 무효라고 주장했다.

어, 저 친구가 부정행위로 탈락하면 2등을 한 정호가 우승을 차지할 수도 있겠는데…. 정호의 표정이 밝아졌다. 누비아가 1등을 한 아이에게 다가가서 물었다.

"너 왜 동생들 경기에 들어갔니?"

아이는 놀란 눈으로 우리를 번갈아 쳐다보더니 울음을 터뜨렸다. 자기 실력으로는 자신이 없고 트로피는 갖고 싶어서 그랬다고 했다. 부모는 일 때문에 함께 오지도 못했단다. 얼마나 부끄럽고 무서웠을까? 난 조용히 정호의 어깨를 감싸주었다.

"정호야, 여학생에게 어떤 남학생이 인기가 있게? 실력은 1등인데도 친구에게 그 1등을 양보할 줄 아는 남자가 인기 짱이야."

정호가 솔깃하는 눈치다. 시상식이 시작됐다. 정호는 의기양양하게 2등 메달을 목에 걸었다. 내가 엄지손가락을 치켜들자 정호도 따라 하며 씨익 웃었다. 하지만 정호에게 차마 그 말은 해주지 못했다. 여학생에게 인기 있는 남학생은 실력은 1등인데도 친구에게 그 1등을 양보할 줄 아는, '잘생긴' 남학생이라는 사실을.

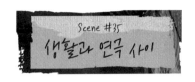

서쪽으로 난 아이들 방문을 열어보았다.

햇살이 막 창문턱을 넘어서고 있었다. 낡은 책상과 침대가 가지런히 놓인 채 주연배우들이 학교에서 돌아오기를 기다리고 있는 곳. 텅 빈 공간이지만 이곳은 아이들의 무대다. 이 작은 무대에서 아이들은 각본 없이 숙제 하고 장난치고 잠자고 책 읽는다.

어느새 햇살이 온 방에 고루 퍼졌다. 무대 조명이 환하게 밝아지자 눈에 띄는 책상 위 소품들. 『80일간의 세계 일주』, 『어린 왕자』, 『백설 공주』. 소영이 책은 대부분 스페인 원서다. 몇 장 넘기다가 이내 읽기를 포기한다. 역시 정호가 읽는 우리말 책이 편하다. 반가운 마음에 손이 절로 뻗는다. 외국에서 살다 보면 이렇게 한글도 귀하고 정겹다. 세상에 당연한 것은 아무것도 없다. 우리가 의식하지 못하고 들이마시는 공기도 결코 당연하지 않다.

『돈키호테』를 뽑아 들었다. 대체 이걸 언제 읽었더라? 초등학교 아니면 중학교 때였을 텐데 도통 기억이 없다. 게다가 기억나는 내용도 별로 없다. 떠오르는 건 돈키호테가 풍차를 상대로 창을 뽑아 드는 대목이 유일하다. 이쯤 되면 내가 이 책을 처음부터 끝까지 읽었던가 하는 의심이 들기 시작한다.

침대에 걸터앉아 책을 펼쳤다. 돈키호테의 본명이 '알론소'였구나. 세상에 둘도 없는 명마 '로시난테'는 제 주인 하나 등에 태우기 버거운 늙은 말이었구나. 부조리로 가득한 세상. 나 혼자 힘으로 세상을 바꾸지 못할 바에야 내가 살짝 미쳐서, 미친 배우가 되어서 세상을 한바탕 연극 무대로 꾸미리라. 여관 주인에게 기사 작위를 받고 이발사의 양동이를 황금 투구로 쓰고 달려간다. 연극 무대에서 풍차가 거인이 된들 무엇이 대수겠는가? 하지만 관객들은 달은 보지 않고 달을 가리키는 돈키호테의 손가락만 바라보며 돈키호테를 손가락질한다. 그 또한 무엇이 대수이랴? 돈키호테는 그저 호탕하게 웃을 뿐.

들어라 썩을 대로 썩은 세상아, 죄악으로 가득하구나.
나 여기 깃발 높이고 일어나서 결투를 청하는 도다.
나는 나 돈키호테 라만차의 기사, 운명이여 내가 간다.
거친 바람이 불어와 나를 깨운다.
날 휘몰아가는 구나.
그 어느 곳이라도 영광을 향해 가자!

뮤지컬 〈맨 오브 라만차〉 中

'둘시네아'를 향한 돈키호테의 마음도 뜨거웠고 내 어깨에 와 닿은 햇살도 뜨거웠다. 그리고 잠잠하던 배우의 피도 뜨겁게 요동쳤다. 몇 마디 대사를 외느라 뜬눈으로 지새던 치열한 밤들도 생생하게 기억났다. 떠나온 연극 무대가 한없이 그리워지기 시작했다.

여기서 연극을 보려면 버스를 타고 한 시간 거리인 아르메니아로 나가야만 한다. 테아트로 아술Teatro Azul. 연습실과 공연장이 함께 있는 이곳은 이름 그대로 건물이 온통 파란색이다.(아술은 스페인어로 푸르다는 뜻이다.) 함석 슬레이트 지붕 위에는 연극배우를 닮은 조형물이 세워져 있고, 모서리에는 말 한 마리가 벽면을 뚫고 뛰쳐나올 듯한 기세로 목을 내밀고 있다.

언젠가 한번은 꼭 공연을 봐야지 하고 벼르기만 했는데 드디어 기회가 왔다. 극단 '테아트로 아술'의 전국 순회공연이 이곳 산골까지 닿은 것이다. 무대는 마을 광장. 대사가 없는 신체극이라 야외에서 공연하는 데는 별 무리가 없을 것이다.

연극이나 뮤지컬 같은 공연은 한정된 공간에서 진행되기 때문에 무대 전환의 아이디어가 필수다. 그것이 극에 또 다른 재미를 더해주기 때문이다. 드라마나 영화의 미장센은 너무 치밀해 여백이 없다. 그에 비해 연극 무대는 허술하다. 그저 텅 빈 공간을 몇 안 되는 오브제로 꾸민다. 여백을 채우는 일은 관객의 몫이다. 공연의 완성은 관객. 그래서 연극 무대는 매력적이다.

아술 공연 팀의 무대이자 오브제는 파란 승합차 한 대가 전부였다. 뒷문을 활짝 열어두고 승합차를 철제 프레임으로 둘렀다. 배우들은 프레임을 딛고 승합차 위를 오르내렸다. 별다른 음향 기기 없이 바이올리니스트가 배우들과 호흡하며 연주했다.

테아트로 아술의 공연으로
부에나비스타 광장은 연극 무대가 되었다.

연극 제목은 〈리베로스 이 메모리아스Liberos y Memorias〉.

짧은 스페인어 실력으로 직역하자면 '중상모략의 기억'이란 뜻인데 과거 콜롬비아의 아픈 역사를 담은 내용이라고 했다. 신체극은 농사를 지으며 이웃들과 평화롭게 사는 시골 풍경을 묘사하며 시작됐다. 흰색 민소매 티셔츠에 알록달록한 바지를 입은 배우들은 광장으로 승합차로 이동하며 극을 이끌어갔다. 이윽고 바이올린이 날카로운 소리를 내자 배우들의 몸짓은 격해졌고 무기였던 나무 봉들이 모여 감옥이 되었다. 어느 나라에나 아픈 역사가 있기 마련이다. 자세한 내용은 알 수 없었지만 배우의 몸짓만으로도 감정이 전해졌다. 콜롬비아 국기를 이루는 빨강, 파랑, 노랑 삼색 깃발이 휘날리고 극은 피날레를 장식했다.

함께 공연을 본 누비아는 눈물을 훔쳤고, 다리오는 콜롬비아의 역사를 알고 본다면 더욱 감동적일 것이라고 말했다. 연극이 끝나고 소품을 정리하고 있던 단원에게 다가갔다. 나는 한국에서 공연할 때 만들었던 엽서 한 장을 말없이 건넸다. 그 단원은 엽서를 한참 동안 살펴보았다. 마치 극 전체를 사진 한 장으로 이해하려는 듯했다. 그러고는 밝게 웃더니 그도 말없이 극단 아술의 공연 엽서를 한 장 건네주었다. 그래, 더 이상 무슨 말이 필요하랴. 그의 손을 잡는 순간 내 가슴은 다시 뛰었다.

관객 입장 5분 전.

무대 조명이 객석 조명으로 바뀌자 우리들은 무대 뒤에서 저마다 등퇴장 순서와 소품들을 마지막으로 확인했다. 후배가 못을 뺀 구멍 사이를 흘끗거렸다.

"얼마나 왔노?"

"세 명 앉아 있고 지금 두 명 더 들어오니까, 다섯 명."

"괜찮겠나?"

"괜찮습니다. 너무 많이 오면 돌려보내는 게 더 큰일이라니까요."

말도 안 되는 농담이었지만 우리는 폭소를 터뜨렸다. 사실 관객 수는 중요하지 않았다. 저 다섯 명의 관객에게 재미와 감동을 전하지 못하면 아무리 많은 관객이 와도 마찬가지다. 2008년 에든버러 페스티벌에서의 첫 공연 〈공씨 헤어살롱〉은 그렇게 시작됐다. 헤어살롱 직원에서 방범대원으로, 다시 건달로, 배역이 바뀔 때마다 가면을 바꾸어 쓰면서 연기했다. 신체극은 몸으로 대사를 전달해야 하기 때문에 막이 내리면 파김치가 되기 십상이었다. 내가 제대로 하고 있을까? 관객들은 우리 연극을 어떻게 보고 있을까? 도중에 자리를 박차고 나가지는 않을까? 하지만 걱정과는 다르게 다섯 명의 관객은 뜨거운 갈채를 보내주었다.

무대에 서면 늘 가슴이 뛰었다. 무대에 서면 나는 세상 무엇이든 될 수 있었다. 그렇게 연극은 늘 삶을 보여주며 비틀고 꼬집고 울리고 웃겼다. 그러나 막이 내리고 일상으로 돌아오면 그렇게 허무할 수 없었다. 공연 후에 흔히 느끼는 것과는 차원이 다른 허무함.

연극은 끊임없이 생활을 닮으려고 하는데 정작 생활은 왜 연극처럼 내 가슴을 뛰게 하지 않는 것일까? 연극은 늘 다른 연극들과 다르게 보이려고 노력하는데 생활은 왜 늘 남들과 다르면 불안해하며 똑같아지려고 할까? 생활도 연극처럼 남들과 다르게 해볼 수는 없을까? 내가 사는 마을이 무대가 되고, 내가 만나는 사람들이 배우가 될 수는 없을까? 그들과 가슴 뛰는 연극 같은 생활을 할 수는 없을까?

말도 안 되고 현실성 없다는 것도 안다. 그러나 바로 그 엉뚱한 생각이 콜롬비아행의 시작이었다.

연극은 인생이고
인생은 여행이다.

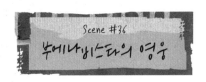

Scene #36
부에나비스타의 영웅

라피도 킨디오Rápido Quindío.

아르메니아와 부에나비스타를 오가는 하얀 버스. 꼬불꼬불한 안데스 산길을 오르내리기 때문에 글자 그대로 고속Rápido이라고 할 수는 없지만 마을 사람들에게는 없어서는 안 될 대중교통이다. 농장에서 숙식하며 일하는 커피 농부들은 주말에 이 버스를 타고 아르메니아에 있는 집으로 돌아가고, 부에나비스타 젊은이들은 이 버스를 타고 도심으로 쇼핑을 즐기러 나간다.

그래서 주말이면 광장은 사람들로 붐빈다. 농장에서 얻은 과일을 한 보따리 들고 기다리는 사람도 있고, 광장 가게에서 장을 본 후 맥주 한 잔을 시켜 느긋하게 토요일 오후를 즐기는 사람들도 있다. 이렇게 광장이 북적거리면 덩달아 바빠지는 이들도 있다. 바로 손수레 상인들이다. 빵, 튀긴 닭과 감자, 띤또 등 손수레에서 파는 메뉴도 가지가지다.

"리, 노올로 가압씨다!"

놀기 좋아하는 내 친구 루이스가 주말 광장 나들이를 빼먹을 리 없다. 갈 때마다 놀이는 조금씩 달라지지만 언제나 마지막은 같다. 손수레에서 담배 한 개비를 사서 피우는 일이다.

"올라, 티오리코Tío rico!"(안녕하세요, 부자 삼촌!)

"올라, 리!"(안녕, 리!)

광장 한가운데서 사탕과 과자를 파는 노점상 할아버지 '티오리코'는 늘 나를 보면 반갑게 손을 들며 인사한다. 한국에 다녀왔을 때 라피도 킨디오에서 내리는 나를 제일 처음 따뜻하게 맞으며 짐을 받아주는 사람도 티오리코였다.

티오리코는 우리말로 부자 삼촌 정도 되겠지만 사실 군것질거리를 파는 티오리코는 전혀 부자가 아니다. 그럼 왜 티오리코라는 별명이 붙었을까? 이미 눈치를 챘겠지만 노점상 할아버지는 마음이 부자다. 웃는 얼굴엔 늘 여유가 넘친다. 손수레 장사는 그저 소일거리에 지나지 않는 듯 가끔은 돈도 잘 받지 않는다. 그래서 마을 사람들은 모두 할아버지를 티오리코라고 부른다. 그런데 유독 루이스만큼은 그를 다르게 부른다.

"올라, 에로에!"

월요일 아침이면 광장은 조용하다. 햇살이 교회당 벽에 부서지는 시간이면 티오리코는 어김없이 출근한다. 다른 노점상들은 주말만 일하는데 티오리코는 비가 오나 바람이 부나 매일같이 광장에 나온다.

제일 먼저 광장을 청소하는 프란시와 인사를 나누고, 손수레를 덮은 천을 벗기면 카나리아 몇 마리가 마치 훈련이라도 된 것처럼 찾아와서 아침을 먹는다. 자식을 대하듯 흐뭇한 표정을 지으며 한동안 새들을 바라보다가 손수레 덮개를 열어 올린 뒤 지지대로 고정한다. 개비 단위로 팔 담배를 틈에 끼우고 비닐봉지를 집게로 집은 후 걸어둔 라디오를 켠다. 지지직거리는 오래된 라디오에서는 경쾌한 라틴음악이 흘

러나온다. 모든 것이 준비되면 느긋한 미소를 지으며 신문을 펼친다. 하루가 시작되는 것이다.

늙은 커피 농부 한 사람이 티오리코에게 다가가 인사를 건넸다. 장화를 신은 다리가 불편해 보였다. 농부가 손수레에 있는 담배 한 개비를 빼어 물자 티오리코가 불을 붙여주었다. 농부는 담뱃값을 치르지 않았고 티오리코도 굳이 달라고 하지 않았다.

해가 조금 높이 뜨자 어린아이들이 광장으로 몰려나왔다. 한 꼬마가 광장에서 장난을 치다가 넘어졌다. 처음엔 그냥 툭툭 털고 일어나던 꼬마가 피를 보더니 울음을 터뜨렸다. 티오리코가 달려가서 꼬마를 안아주었다. 그러고는 손수레에서 막대 사탕 하나를 꺼내 꼬마 입에 넣어주었다. 금세 생긋 웃으며 집으로 돌아가는 꼬마를 보고 티오리코도 빙그레 웃었다. 그냥 노점상 할아버지가 아니라 광장을 지키는 파수꾼이다.

그래서일까? 사탕은 마트가 훨씬 싸지만 정호에게 사탕을 사줄 때면 나는 늘 티오리코를 찾게 된다. 그러던 어느 날 철없는 정호가 돌직구를 날렸다.

"할아버지 사탕 팔면 돈 많이 벌어요?"

"그건 아니지."

티오리코가 웃으며 대답했다.

"그럼 왜 사람들이 할아버지를 부자 삼촌이라고 불러요?"

"나라에서 매달 내게 돈을 주니까 사람들이 그리 부르는 게지."

"나라에서 왜 사탕 장수에게 돈을 줘요?"

"내가 예전에 소방관이었거든. 가만 있어보자. 어, 그래 여기 있군."

할아버지는 호주머니에서 작은 배지를 꺼내 보여주었는데 부에나비스

티오리코 Tío Rico

사전적 의미 : 잘 사는 삼촌, 부자 삼촌

부에나비스타적 의미 : 마음이 부자인 삼촌, 정년이 없는 마을의 파수꾼

타의 봄베로(Bombero: 소방관)라고 새겨져 있었다.

"내가 이 마을의 소방관이었지."

그는 다시 예전으로 돌아간 듯 보였다.

"예전엔 물론이고 지금도 콜록콜록… 내가 있는 한 마을에 큰불은 콜록콜록… 없을 거야."

감정이 조금 격앙되었는지 그는 마른기침을 했다. 그동안은 눈치채지 못했는데 걸걸한 목소리와 기침 소리를 들어보니 목 상태가 좋지 않은 것 같았다. 그러고 보니 티오리코는 부에나비스타에서 유일하게 목도리를 하는 사람이었다.

"리, 노올러 가압씨다!"

루이스가 멀리서 테니스 라켓을 들고 손짓했다.

"올라, 루이스!"

"올라, 에로에!"

티오리코가 루이스에게 반갑게 인사했다.

루이스와 나는 테니스 네트를 가지러 소방서에 갔다. 티오리코의 말을 들었기 때문일까? 평소 눈여겨보지 않았던 소방서 풍경이 달라 보였다. 오래된 소방차와 더 오래된 구급차. 핸들이 오른쪽에 있는 걸로 봐서 영국에서 쓰던 차 같다. 한쪽 벽에는 전직 소방관들의 사진이 전시되어 있었다. 티오리코도 소방관이었다면 여기 어딘가에 있을 텐데. 아, 찾았다!

"티오리코 이름이 런도뇨였네?"

"아, 런도뇨? 잘생겼지? 나 어릴 때 그 할아버지 덕분에 살았거든."

"할아버지가 소방관이었을 때?"

"응, 런도뇨가 퇴직을 앞두고 있을 때 여기 엄청난 지진이 일어났었어. 그때 내가 열 몇 살쯤 되었을 거야."

1999년 1월 콜롬비아에 리히터 규모 6.0의 강진이 발생했다. 아르메니아의 공항 관제탑이 붕괴되고 거리 곳곳에서 불길이 치솟았다. 도시는 건물 파편과 희생된 주검들로 즐비해 마치 전쟁터를 방불케 했다. 칼라르카는 도시가 통째로 사라지고 병원 한 채만 남았고, 페레이라는 가스 송유관이 파손돼서 도시 전체가 매캐한 연기로 가득했다. 무려 2,000여 명이 사망한 엄청난 재해였다.

아르메니아에서 가까운 부에나비스타도 무사하지 못했다. 집과 건물이 폭삭 내려앉아서 마을 사람들 대부분이 학교와 마을 체육관으로 대피해 텐트를 치고 3개월 정도 지냈다고 한다. 그런데 어릴 때부터 장난꾸러기였던 루이스에게 폐허가 된 마을은 그야말로 전쟁놀이를 하기 딱 좋은 무대였던 것이다.

1월 28일, 루이스는 친구 몇 명과 건물 지하를 누비며 쓸 만한 물건들을 구하러 나갔다. 공교롭게도 바로 그날 여진이 발생하고 말았다. 다행히 지반이 무너져 내리지는 않았지만 근처 건물들의 2차 붕괴가 일어났다. 건물에 갇힌 어린 루이스는 겁에 질려 울면서 소리만 지르고 있었다. 얼마나 오래 지났을까? 의식이 점점 아련해질 때 누군가 루이스의 손을 잡아 일으켰다.

"올라, 에로에!"
그제야 에로에Héroe가 스페인어로 '영웅'이었음을 깨달았다. 티오리코는 부에나비스타의 진정한 영웅이었던 것이다.

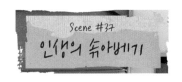

"리, 씨굼치! 씨굼치!"

일주일에 한 번, 채소가 들어오는 금요일에는 아내와 함께 조금 이른 시간에 장을 보러 광장으로 나간다. 주로 당근, 양파, 양배추와 양상추를 사지만 가끔은 시금치를 사서 무쳐 먹는다.

콜롬비아 사람들은 정말이지 채소를 잘 먹지 않는다. 레스토랑에 가 보더라도 손님들은 고기만 먹지 샐러드는 고스란히 남기는 경우가 대부분이다. 당연히 호세에게 우리 가족은 중요한 단골손님이다. 호세는 능숙하게 대파를 다듬은 후 우리가 고른 채소를 저울에 올렸다. 그러고는 덤으로 바나나 하나를 얹어 주었다. 내가 엄지손가락을 치켜들자 호세도 엄지를 치켜든다. 엄지에 깊은 흉터가 있었다. 칼에 베었냐고 물었더니 전기톱에 난 상처라고 했다. 그것도 어릴 적에. 하마터면 손가락이 통째로 날아갈 뻔했다며 씩 웃었다.

호세의 고향은 초코Chocó 지역이다. 초코 숲은 안데스 산맥과 태평양 사이에 자리 잡고 있다. 연간 강수량이 1만 6000밀리미터에 달할 정도로 매우 습한 지역이어서 생태계의 보고로 불린다. 이 지역에서만 서식하는 재규어, 베어드테이퍼, 아르마딜로 등 특이한 야생동물들이 많

294

고 식물도 약 25퍼센트가 희귀종으로 알려져 있다. 유난히 야자수가 많이 자라는데 이 지역보다 야자수가 더 우거진 열대우림은 찾아보기 어려울 정도다. 마호가니 같은 나무도 많아서 광업과 함께 벌목이 이 지역의 주 산업이 되었다고 한다.

호세의 고향에도 벌목장이 있었다. 일찍 세상을 뜬 아버지를 대신해서 장남인 호세가 살림을 꾸려야 했기에 마을 사람들이 일하러 가는 벌목장에 따라나서게 됐다. 처음엔 잡일을 도맡아 하다가 일이 익숙해지자 잘라둔 나무를 옮겼다. 나무가 엄청 무거워서 어린 나이에 할 수 있는 일이 아니었지만 타고난 체력 덕분에 어른만큼 일할 수 있었다. 몇 년 후 전기톱을 들고 벌목을 시작했다. 당시 주급이 9만 페소였으니 노동 강도에 비하면 형편없는 보수였다. 심지어 작업반장이 가끔 임금을 중간에서 가로채기도 해서 빈털터리로 집에 돌아오는 날도 많았다. 그래도 호세는 매일 아침이면 전기톱에 시동을 걸었다.

부웅~ 부르르~

열댓 명의 숙련된 벌목공들은 각자 전기톱을 점검하기 시작했다. TBC 〈리얼인터뷰 통〉 촬영 현장. 방송을 시작한 지 몇 년이 지났는데도 인터뷰는 여전히 힘든 과제다. 거기에다가 담당 PD는 그냥 인터뷰만 하는 게 아니라 사람들과 통通하고 오란다. 내게 주어진 시간은 불과 하루뿐. 출근해서부터 퇴근할 때까지 그들과 함께하면서 마음을 열어야 한다. 내가 갖고 있는 무기는 단 하나, 진정성이다.

일단 목소리가 크고 호탕해 보이는 사람에게 먼저 다가가는 게 순서다. 손이 두툼한 아저씨는 가방에서 쇠줄을 꺼내 톱날을 손질했다.

"톱은 산림조합에서 나눠줍니까?"

"턱도 없는 소리. 각자 사야 됩니다."

"톱날도 수명이 있지요?

"나는 한 7년 정도 쓰는데 보통 5년 안 가서 바꿔줘야 한다니까."

됐다. 이 정도면 마음의 문을 열 실마리를 찾은 셈이다. 상대방의 힘든 점을 공감하는 것이 마음을 여는 첫 열쇠니까. 하지만 진심으로 공감해야지 흉내만 내면 절대 안 된다.

"세상에, 하루 일당 빤한데 톱 사야 되고 도시락 싸 와야 되고 비 오면 놀아야 되고 남는 거 없겠네예?"

"옳지. 우리 직업이 또 좀 위험해? 까딱 잘못하다간 다리 날아가는 거 한순간이지."

그러고 보니 벌목공들은 모두 왼쪽 다리에 보호대를 차고 있었다. 오른손잡이들이 나무를 베면 오른쪽 위에서 왼쪽 아래 방향으로 자르게 되니까 왼쪽 허벅지를 보호해야 한다. 보호대를 만져보니 좀 두껍긴 하지만 딱딱하진 않았다.

"이거 그냥 천인데 괜찮습니까?"

"전기톱이 나무도 베는데 웬만큼 딴딴한 재질이라도 못 견디지. 천으로 해야 톱날에 엉겨서 멈춰 서는 거야."

부웅~ 부르르~

휘발유를 넣은 전기톱에 엔진을 걸자 요란한 소리가 온 산을 쩌렁쩌렁 울렸다. 간단하게 교육을 받고 전기톱으로 가지치기를 시작하자마자 엔진이 꺼져버렸다. 이마에 식은땀이 흘렀다. 내가 뭘 잘못 건드렸지? 벌목공들과 마음 통하려다가 된통 당하지나 않을까 걱정되었다. 멀쩡한 전기톱을 세웠으니 이 일을 어찌하랴? 그때 자칭 수리 도사 벌목공 한 분이 나섰다.

"에이, 발동기를 당길 줄 모르네. 내가 해볼게."

드르륵 푸르르 드르륵 푸르르. 전동톱이 미동도 하지 않았다.

"에이, 초크 불량이야. 가끔 기름이 고여 있으면 점화가 안 되지."

두 번째 수리 도사가 능숙한 손놀림으로 라이터를 켜서 초크 부위에 묻어 있는 기름을 제거했다.

드르륵 푸르르 드르륵 푸르르. 전기톱은 여전히 작동하지 않았다.

전기톱 주인 얼굴이 어두워졌다.

"혹시 기름 없는 거 아닐까요?"

기어드는 목소리로 내가 물었더니 모두들 에이, 설마 하면서 고개를 가로저었다. 그때 전기톱 주인이 소리쳤다.

"맞다. 아까 기름 넣으려고 하다가 작동법 가르쳐준다고 까먹었다."

부웅~ 부르르~

나무를 자르던 톱날이 호세의 손가락을 스쳤다. 호세가 17살이 된 어느 날이었다. 정신이 아찔했다. 운이 나빴으면 손가락이 잘릴 뻔했다. 피가 났지만 아무도 관심을 갖지 않았다. 저마다 멀찌감치 떨어져 무표정한 얼굴로 나무를 자르고 있었다. 옷을 조금 찢어서 손가락을 감싸 매고는 그 자리에 털썩 주저앉았다. 고향을 그 누구보다 사랑하는 호세였지만 벌목만은 지긋지긋했다.

난생처음으로 호세는 자신의 미래를 생각했다. 고향 초코에는 미래가 없었다. 언제 죽을지 모르는 위험과 가난만이 가득한 땅. 게다가 아프로-콜롬비아노Afro-Colombiano인 호세는 툭하면 인종차별에 시달려야만 했다. 호세는 그 자리에 전기톱을 내려 두고 집으로 돌아와 엄마와 동생 손을 잡고는 이곳 부에나비스타로 도망치다시피 이사를 왔다.

이제 건장한 청년이 된 호세는 채소 가게를 하고 남동생은 사금을 캐러 다닌다. 부에나비스타 마을에서는 어느 누구도 인종차별을 하지 않는다. 호세에게 부에나비스타는 약속의 땅이었던 셈이다.

"호세, 그래도 고향인데 초코에 다시 가고 싶다는 생각이 들지 않니?"

"물론 고향이니까 가고 싶지. 하지만 리, 나는 말이야, 내 인생에서 초코라는 고향을 잘라낸 게 제일 잘한 일이야."

호세 이야기를 들으면서 한 가지 깨달았다. 살아가는 일에도 가지치기가 필요하다는 사실을. 울창한 숲을 위해 나무를 솎아베어야 하듯이 인생에도 아프지만 버려야 할 것이 있다. 그래야 숲도 사람도 성장하니까.

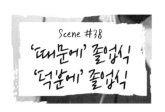

Scene #38
'때문에' 졸업식
'덕분에' 졸업식

해가 넘어간다.

마을 광장에 서 있는 볼리바르 동상의 그림자가 길어지고 가로등이 노란빛을 발하며 광장을 밝힌다. 푸르던 서쪽 하늘도 붉어지는데 아이들은 아랑곳하지 않는다. 학교가 끝나자마자 모여 놀던 아이들은 질리지도 않는지 또다시 하나둘 광장에 모인다.

이맘때 나오는 아이들은 둘 중 하나다. 숙제를 다했거나 숙제를 포기했거나. 숙제를 포기하고 싶은 정호지만 정호의 엄마는 그렇게 호락호락하지 않다. 호르헤와 루베르가 공 차러 가자며 번갈아 우리 집을 찾아왔지만 엄마가 내준 한글 쓰기 숙제가 끝나지 않으면 어림도 없다. 달릴 때는 조선번개지만 책상에만 앉으면 국제 거북이가 되는 정호. 온몸을 뒤틀면서 책과 씨름한다.

우리 집에서 가장 학구적인 소영이. 숙제는 벌써 끝내놓고 『80일간의 세계 일주』를 또 읽고 있다. 우리말 책이 몇 권 없어서 읽은 책을 반복해서 읽는다. 조만간 저 책을 다 외울지도 모른다. 옆에서 동생이 앓는 소리를 내며 숙제를 못 끝내자 한심하다는 표정으로 몇 가지를 가르쳐준다.

"다했다. 엄마, 놀다 올게요!"

거북이가 번개로 바뀌는 순간이다.

"저녁에 돼지고기 구워 먹을 거야. 금방 들어와야 해!"

아내는 정호의 뒤통수에 대고 잔소리를 늘어놓는다. 정호는 듣는 둥 마는 둥 축구공을 챙겨서 후다닥 대문을 나선다.

"어두울 땐 뛰지 말라니까, 위험해!"

우리 어머니나 아내나 엄마표 잔소리는 세대가 달라도 레퍼토리가 똑같다. 어두울 때는 뛰지 말고, 저녁 먹을 때까지는 집에 들어와야 된다. 아내는 저녁을 준비하고 소영이는 책을 읽는다. 이웃집에서도 저녁을 먹는지 바비큐 냄새가 고소하게 피어올랐다. 문득 어린 시절 맡았던 돼지갈비 냄새가 떠올랐다. 그렇게도 먹고 싶었던 돼지갈비….

초겨울 밤 칼바람에 몸이 저절로 떨렸다. 버스가 몇 대나 지나갔을까? 발을 동동 구르며 정류장을 돌았다. 학교 가는 게 싫었다. 5학년 들어서 벌써 두 번이나 전학을 다녔다. 새로운 친구들과 사귈 틈도, 사귀고 싶은 마음도 없었다. 학년 초에 실시한 가정 환경 조사가 내게는 고문과 같았다.

"집에 아부지 안 계신 사람 손들어라."

그때 선생님은 무슨 생각으로 그런 조사를 공개적으로 했을까? 반 친구들이 나를 쳐다볼 땐 쥐구멍이라도 찾아 숨고 싶었다. 성격은 점점 내성적으로 변해갔고, 길을 걸을 때도 땅바닥만 보고 다녔다. 아버지께서 지병으로 돌아가신 후 어려운 살림을 꾸리느라 어머니는 항상 바쁘셨다. 집에서도 나는 늘 혼자였다.

"와 자꾸 나와 기다리노? 추운데 집에 있지."

버스에서 내린 어머니의 손은 따뜻했다.

내가 어머니를 마중 나간 이유는 또 있었다. 골목길 모퉁이에 있던 돼지갈빗집. 하루 일을 끝내고 소주잔을 기울이며 돼지갈비를 뜯는 아저씨들. 상추에 고기를 얹어 자식들에게 먹여주는 누군가의 아버지들. 자욱한 연기 그리고 끝내주는 냄새.

"나중에 돈 많이 벌면 사줄게."

"집에 가서 라면 먹자. 엄마, 나는 라면이 더 좋다."

반지하 단칸방에 살던 시절, 화장실도 위층에서 함께 써야 했으니 여유가 있을 리 없었다. 나는 늘 어머니께 라면이 더 좋다고 말했지만 돼지갈비는 냄새라도 맡고 싶을 만큼 먹고 싶은 음식이었다.

초등학교 졸업식 하던 날.

교장 선생님의 훈화는 2월의 강추위에도 끝없이 이어졌다. 줄을 선 아이들은 서로 웃고 잡담을 늘어놓으며 그 시간을 견뎠고, 나는 운동장 모래 바닥을 발로 긁으며 그 시간을 견뎠다.

"수, 수, 수-수-수!"

"우와, 우리 아들 공부 잘했네."

"아빠가 건담 사줄까?"

듣기 싫은 소리가 자꾸 들렸다. 성적표는 펴지도 않은 채 영어 사전과 함께 받은 졸업장만 만지작거렸다. 졸업식 내내 눈시울이 젖어 있던 어머니는 그런 내 마음을 훤히 아셨을 것이다.

"괜찮다. 공부가 세상 전부는 아이다. 건강하고 착하게 살면 된다."

처음부터 내가 공부를 못한 건 아니었다. 4학년까지만 해도 시험이 끝나면 빨간 색연필을 들고 채점을 돕는 우등생이었다. 아버지가 돌아가

시고 전학을 다니기 전까지는…. 그날 저녁 어머니는 돼지갈빗집에 날 데려가셨다. 난생처음으로 고깃집에서 외식한 날이었다. 고기를 한 점 씩 아껴 먹고 있으니 눈물이 핑 돌았다. 일찍 돌아가신 아버지 '때문에', 전학을 두 번이나 했기 '때문에' 그렇게 우울한 초등학교 졸업식을 치렀다고 믿었다.

오늘은 소영이의 졸업식.
콜롬비아 학제는 우리와 달라서 5년이면 초등학교 과정이 끝난다. 소영이는 곱게 단장한 머리에 학사모를 썼다. 정호는 누나가 박사님 같다며 좋아했다. 부에나비스타의 졸업식에는 절대로 칼바람이 있을 수 없지만 교장 선생님의 길디긴 훈화는 동서양이 똑같았다. 등교 시간 지키기, 반드시 교복을 입고 정해진 구두 신기, 체육 시간에는 꼭 흰 운동화와 흰 양말 신기, 방학 때 부모님은 가정 교육에 더 신경 쓰기, 그리고 내년부터는 학교의 전통을 더 올곧게 세우겠다는 약속으로 끝맺었다. 졸업식인데도 교장 선생님의 연설 내용은 평소와 차이가 없었다. 그럴 수밖에 없는 것이 부에나비스타 초등학생들은 졸업을 해도 똑같은 학교에서 중학교 과정을 밟기 때문이다.
곧이어 밴드의 축하 연주가 울려 퍼졌고 졸업생들은 졸업장과 성적표를 받았다. 1등부터 3등까지는 메달을 받는다. 소영이도 은근히 메달을 기대하는 눈치였다. 외국인 한 명 없는 콜롬비아 학교에서 스페인어로 진행되는 수업을 따라가기가 무척 힘들었을 것이다. 교과 과정도 한국과 다른 데다가 지리와 역사 같은 과목은 나조차도 이해하기 어려웠기 때문이다. 수업이 끝나면 소영이는 늘 나와 함께 스페인어 사전을 찾고, 느린 인터넷으로 번역기를 돌리고, 포털 사이트 곳곳을 뒤지

소영아, 졸업 축하해.

나탈리아도 졸업 축하해.

면서 간신히 숙제를 마치고는 했다.

그렇지만 소영이는 단 한 번도 불평한 적이 없었
다. 전학을 왔기 '때문에', 그것도 지구 반대편으
로 말도 통하지 않는 나라로 왔기 '때문에', 참고
서가 없기 '때문에', 엄마 아빠도 스페인어를 잘
모르기 '때문에' 공부하기 힘들다고 한 적이 없
었다. 그냥 소영이는 공부를 잘하려고 노력했다.
메달은 받지 못했지만 소영이는 학교에서 주는
특별상을 받았다. 멀리 동양에서 온 아이가 열심
히 공부했다고 특별히 주는 상이었다. 부에나비
스타 학교 역사상 전례가 없는 특별상.

"아빠 '덕분에' 이런 상도 받았네."

"왜 그게 아빠 덕분이야?"

"아빠가 부에나비스타에 오자 그랬으니까."

난 전학이 내 어린 시절을 엉망으로 만들었다고
믿었다. 그래서 내가 커서 결혼하고 아이를 낳으
면 절대 전학 같은 건 시키지 않으리라 결심했었
다. 세월이 흘러 결혼을 했고 딸과 아들을 낳았
다. 결심과는 다르게 나는 아이들을 지구 반대편
으로 전학시켰다. 그리고 소영이는 '때문에'라는
말로 가득했던 내 어린 시절의 아픈 기억을 '덕
분에'라는 말로 한 방에 날려버렸다. 그야말로
연극 같은 인생.

사랑한다, 내 딸. 고맙다, 내 딸.

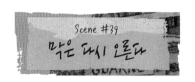

살아 있는 모든 것은 각자의 방식으로 소통한다.

소리, 몸짓, 냄새…. 그중에서도 인간의 언어는 가장 발달된 의사소통 수단이다. 수백만 년에 걸쳐 진화하고 분화한 언어는 다른 동물과 구별되는 인간의 큰 특징이다. 그런데 인간 사회에서는 분명히 말을 하는데도 들리지 않고, 들리는데도 무슨 뜻인지 이해하지 못하는 경우가 너무 많다. 그럴 때는 차라리 가장 원시적인 형태의 의사소통이 효과적이다.

콜롬비아에 처음 도착했을 때 그랬다. 이 나라에서 약속된 언어가 내겐 알아들을 수 없는 하나의 소리에 불과했기에 몸짓이 가장 효과적이었다. 그래서 신체극 연기를 하듯 의사를 전달해야만 했다. 몸짓은 관객들과 소통하는 '예술'이 아니라 그야말로 '생활'이었던 것이다.

시간이 흐르자 언어는 늘고 몸짓은 줄어들었다. 그만큼 스페인어가 늘었다는 뜻인데 이게 좋은 것만은 아니었다. 특히 막내 정호는 말이 늘자 친구들과의 장난이 심해졌다.

"호세의 스페인어 실력이 많이 늘었습니다."

"고맙습니다, 선생님."

우리나라에서도 학생에 대해 상담할 일이 생기면 담임 선생님이 학부모를 부른다. 그리고 대부분은 좋은 일이 아니다. 지구 반대편까지 와서 담임 선생님의 부름을 받게 하는 우리의 호세!

"이런 말씀 드리기 어렵습니다만…."

"호세가 장난이 심하죠? 죄송합니다, 선생님."

아내가 죽을죄를 지었다는 표정으로 고개를 숙이며 말했다. '애들이 장난치는 거야 자연스런 일인데 뭐가 그리 잘못인가' 하는 생각에 나는 고개를 창밖으로 돌렸다. 내 마음을 눈치챈 아내는 팔꿈치로 나를 쿡 찌르며 말을 이었다.

"집에서 잘 가르치겠습니다, 선생님."

"그것보다도 이젠 호세가 스페인어에 익숙하니까 부모님께서 숙제를 더 이상 봐주지 않으셨으면 합니다."

"예? 아, 그래야죠."

그때 창밖으로 덩치 큰 여학생이 보였다. 커피 농장 비야Finca La Villa에서 보았던 마리아 알레한드라였다.

"앞으로 호세가 스스로 숙제를 해오지 않으면 다시 시킬 겁니다."

"잘 알겠습니다, 선생님."

아내는 연신 고개를 주억거리며 대답했다. 하지만 내 관심은 온통 알레한드라에 가 있었다. 늘 조용히 있던 그녀가 오랜만에 환한 표정으로 어떤 남자와 수다를 떨고 있었다. 그 주위로 친구들이 신기하다는 듯이 모여들었다. 알레한드라의 수다는 특별할 수밖에 없다. 선천적으로 청각 장애를 지녔기 때문이었다. 지금 알레한드라와 수화로 즐겁게 대화하는 저 남자는 누구일까?

"대체 뭐하는 거야? 곤란할 때는 꼭 뒤로 빠지더라."

아내가 교실을 나오면서 내게 핀잔을 놓았다.

"소영이 어디 있지? 통역하게 빨리 소영이 찾아보자."

"무슨 소리야? 정호를 찾아야지. 소영이는 왜 찾아?"

"저기 봐."

아내도 알레한드라를 보고는 그 자리에서 발걸음을 멈추고 말았다.

내가 그녀를 처음 본 것은 페르난도와 함께 플라타노를 얻으러 비야 농장을 찾았을 때였다. 알레한드라의 아버지는 농장 일보다 싸움닭 훈련에 더 열심인 사람이었다. 그날도 싸움닭을 훈련시키고 있었는데 알레한드라도 아버지를 돕고 있었다. 그녀는 싸움닭의 순발력을 키우기 위해 두 다리 사이로 지그재그 달리기 연습을 시켰다. 훈련 시간이 끝나면 싸움닭의 다리를 마사지해주었다. 닭 다리는 먹기만 했지 마사지는 해본 적이 없어서 그 광경이 내겐 꽤나 인상적이었다.

구경거리는 그뿐만이 아니었다. 알레한드라의 아버지는 닭 다리의 털을 면도기로 밀고 그곳에 레몬을 발라주었다. 그리고 닭 털을 하나 뽑더니 닭 목 깊숙이 넣어 식도를 깨끗이 청소해주었다. 그게 싸움닭의 전투력과 무슨 관계가 있나 싶어 알레한드라에게 서툰 스페인어로 물어보았다. 그랬더니 그녀는 대답은 않고 미소만 지을 뿐이었다. 옆에 있던 페르난도가 웃으며 내게 귀띔을 해주었는데, 그때부터 반전이 일어나기 시작했다. 나의 몸짓과 알레한드라의 몸짓이 서로 통하기 시작했던 것이다. 알레한드라가 내 스페인어를 들을 수 있었더라도 내 몸짓만큼 잘 이해하기는 어려웠을 것이다.

알레한드라와 수화로 대화를 나눈 사람은 수화 통역 담당 포레로 선생님이었다. 부에나비스타 학교에 온 지는 얼마 되지 않았다는데 알레한

드라처럼 청각 장애를 가진 학생들의 학습을 도와주는 것이 주요 업무라고 한다. 한때 나쁜 친구들과 어울려 마약에 손대고 감옥까지 갔다 왔다는 포레로 선생님. 출소 후 종교의 힘으로 지난날을 반성하고 우연히 접한 수화의 매력에 빠져 평생 봉사하며 살기로 결심했다고 한다.

포레로 선생님이 온 후 알레한드라의 학교생활은 많이 변했다. 수업시간에는 칠판에 쓴 내용을 공책에 받아 적는 것이 고작이었는데, 포레로 선생님이 교과 내용을 설명해주고 친구들 이야기도 통역해주니까 학교생활이 훨씬 풍요로워진 것이다. 그때 잊고 있던 내 작은 목표 하나가 떠올랐다. 그리고 이번에는 결코 생각에만 그치지 않겠다고 다짐했다.

2013년 11월 15일.

배우 여덟 명이 작은 무대에 올랐다. 대사도 없고 효과음도 없다. 날 것의 몸짓만으로 이루어진 신체극. 농인聾人 극단 '부에나비스타' 창단 공연 〈지하철 이야기〉가 막을 올린 날이었다. 2년 동안 기획하고 꼬박 9개월 동안 연습하며 땀 흘린 결과였다.

단점만 고치려 들면 장점이 드러나지 못한다. 마찬가지로 핸디캡에 얽매이다 보면 가능성을 보지 못한다. 듣지 못하고 말하지 못한다는 핸디캡은 적어도 신체극을 하는 데 큰 걸림돌이 되지 않는다.

"지하철을 타고 친구와 대화를 나누고 있으면 사람들이 자꾸 쳐다봅니다. 내가 수화를 해서 그런가? 계속 쳐다보던 사람들이 이제는 웃기도 하고 신기한 듯 바라봅니다. 왜 그런지 물어봤더니 제 표정이 다양하고 재밌다고 하데요."

공연 팸플릿에 담긴 '농인의 변' 내용이다. 농인들은 수화를 하면서 다양한 표정과 몸짓으로 마음을 전한다. 목소리로 말하는 사람들보다 훨씬 풍부한 감정을 담고 대화한다. 그런 장점과 재능을 깨달으면 또 다른 가능성을 발견할 수 있다. 이번 공연에 연출로 참여했지만 배우로 연기할 때보다 더 큰 감동을 느꼈다. 무대에서 보여준 80분보다 그 80분을 보여주기 위해 함께 노력한 매 순간이 더 아름다웠기 때문이다. 그리고 바로 이런 이유 때문에 나는 '생활'이 '연극'보다 더 극적이라고 믿는다.

애초에 마음먹은 기간은 1년이었다. 그러나 우리 가족의 여행은 지금도 현재진행형이다. 그동안 많은 사람들을 만나서 울고 웃으며 정을 나누었다. 부에나비스타에서의 하루하루는 그야말로 연극의 한 장면이라 해도 과언이 아니었다. 무대는 우리 집과 부에나비스타 마을. 출연 배우는 가족과 마을 사람들.

언젠가 우리 가족의 콜롬비아 여행도 끝나겠지만 나는 결코 아쉬워하지 않을 것이다. 연극의 막은 다시 오르기 마련이니까.

Epilogue

"재선아, 콜롬비아 가볼래?"

TBC 김영준 제작팀장의 제안은 달콤했습니다. 커피 사업을 하는 사람들과 20일 일정으로 미국, 과테말라, 엘살바도르, 콜롬비아를 다녀오는 커피 여행이었습니다. 물론 저에게는 여행이 아니라 카메라를 들고 촬영하기 위해 동행하는 '일'이었습니다. '그래, 돈도 벌고 남미도 가고 이런 기회가 언제 또 오겠어'라는 생각에 제안을 받아들였습니다.

시애틀의 스타벅스 1호점을 시작으로 과테말라의 안티구아, 아티틀란, 우에우에테낭고를 찍고 엘살바도르를 거쳐 콜롬비아를 돌아 뉴욕으로 향했습니다. 뉴욕에서 주어진 하루의 자유 시간. 저는 맨해튼의 어느 카페에 들어섰습니다. 향이 좋은 아메리카노를 받아 들자 유독 콜롬비아가 생각났습니다.

'아내도 커피 참 좋아하는데. 아이들도 여행 참 좋아하는데.'

마침 저에게는 대학원을 다니려고 모아둔 돈이 조금 있었습니다.

'그 돈으로 대학원에 진학하면 자기 계발을 할 수 있겠지만 가족과 함께 여행을 떠난다면 가족 계발을 할 수 있지 않을까…'

저는 결심했습니다. 가족들과 함께 콜롬비아로 여행 오기로.

그렇게 우리 가족은 1년간의 콜롬비아 여행을 위해 스페인어를 공부하고 국내 캠핑으로 팀워크도 다졌습니다. 아이들은 마냥 신이 났습니다. 학교를 수시로 빼먹고 캠핑을 다녔기 때문이기도 했거니와 여행하는 동안은 학교와 학원을 다니지 않아도 된다는 사실 때문이었습니다. 전형적인 인도어 스타일의 집순이였던 아내도 연이은 캠핑으로 서서히 피부를 그을리면서 아웃도어 여인으로 거듭났습니다.

우리 가족의 첫 번째 여행지는 독일이었습니다. 독일에서 자동차를 빌려 유럽 7개국을 여행한 뒤 콜롬비아로 넘어갔습니다. 난생처음 외국을 가보는 아내와 아이들은 난리가 났습니다. 저 역시 공연이나 업무 목적이 아닌 여행은 처음이었습니다. 유럽 여행을 마치고 콜롬비아의 작은 커피 마을, 부에나비스타에 머물면서 우리는 '가족'이라는 것을 다시 깨달았습니다. 부에나비스타에 사는 이웃들을 통해서 말입니다. 저는 잃어버릴 뻔했던 아빠의 자리를 찾았고 아이들은 저에게 딸과 아들로 다시 다가왔습니다. 콜롬비아로 떠나기 전만 해도 아이들은 잠자다 제 턱수염이 닿으면 돌아서 눕곤 했지만 이제는 꼭 끌어안습니다. 아내와도 결혼 10년 만에 가장 많은 시간을 함께 보내면서 지난 10년간 나눈 대화보다 더 풍부한 대화를 나누며 깊게 소통할 수 있었습니다. 무엇보다 새로운 곳, 새로운 사람들, 새로운 가치를 접하고 이를 같은 시간, 같은 공간에서 가족과 공유하기 시작하면서 큰 공감대가 형성되었습니다. 각자의 추억 창고를 뒤로 하고 가족 모두가 함께 쓰는 공동의 큰 추억 창고가 생긴 것입니다. 이제 우리에게 콜롬비아는 제2의 고향입니다. 아내와 아이들은 콜롬비아에서, 저는 한국과 콜롬비아를 오가며 새로운 삶을 살고 있습니다.

소중한 시간을 내어 저희 가족의 이야기를 읽어주신 독자 여러분께 감사의 마음을 전합니다. 그리고 책으로 독자 여러분을 만날 수 있게 도와주신 분들께도 늦은 인사를 보냅니다. 부족한 제 글을 가장 먼저 읽고 아낌없는 도움을 주신 TBC 김영준 제작팀장님, 세상과 소통하는 재미를 알게 해준 김은경, 변종현 기자님 감사합니다. 저를 믿고 딸과 며느리를 콜롬비아로 보내주신 장모님과 어머님도 빼놓을 수 없습니다.
이 이야기의 진짜 주인공은 아내와 두 아이들입니다.
안정희, 이소영, 이정호 진짜 사랑한데이! 그리고 고맙데이! 우리 잘 살아보제이!

Para buenavisteños

Por las Amabilidades de los buenavisteños salió este libro.
Y otra vez mi familia le damos agradecimiento a los buenos corazones
de los buenavisteños.
Por último les mandamos un beso y un gran abrazo.

- De familia Lee

아싸라비아 콜롬비아!
커피 향을 따라간 호또리아 가족의 생활연극기

1판 1쇄 인쇄 | 2015년 2월 17일
1판 1쇄 발행 | 2015년 3월 2일

글 이재선
사진 이재선, 안정희, 이소영, 이정호
스페인어 검토 이소영

펴낸이 송영만
디자인 자문 최웅림

펴낸곳 효형출판
출판등록 1994년 9월 16일 제406-2003-031호
주소 413-756 경기도 파주시 회동길 125-11(파주출판도시)
전자우편 info@hyohyung.co.kr
홈페이지 www.hyohyung.co.kr
전화 031 955 7600 | 팩스 031 955 7610

ISBN 978-89-5872-135-2 03950

값 15,000원

이 도서의 국립중앙도서관 출판예정도서목록(CIP)은 서지정보유통지원시스템 홈페이지
(http://seoji.nl.go.kr)와 국가자료공동목록시스템(http://www.nl.go.kr/kolisnet)에서
이용하실 수 있습니다.(CIP제어번호: CIP2015003924)